U0579408

大学生心理教育实践研究

黄步庭　唐明明　郭　乐◎著

重庆出版集团 重庆出版社

图书在版编目 (CIP) 数据

大学生心理教育实践研究/黄步庭,唐明明,郭乐
著. —重庆:重庆出版社,2023.7
ISBN 978-7-229-17692-1

Ⅰ.①大… Ⅱ.①黄… ②唐… ③郭… Ⅲ.①大学
生—心理健康—健康教育—研究 Ⅳ.①G444

中国国家版本馆 CIP 数据核字(2023)第 107270 号

大学生心理教育实践研究
DAXUESHENG XINLI JIAOYU SHIJIAN YANJIU
黄步庭　唐明明　郭　乐　著

责任编辑:钟丽娟
责任校对:陈　琨

重庆出版集团
重庆出版社　出版

重庆市南岸区南滨路 162 号 1 幢　邮编:400061　http://www.cqph.com
北京四海锦诚印刷技术有限公司印刷
重庆出版集团图书发行有限公司发行
E-MAIL:fxchu@cqph.com　邮购电话:023-61520646
全国新华书店经销

开本:787mm×1092 mm　1/16　印张:9.5　字数:226 千
2025 年 1 月第 1 版　2025 年 1 月第 1 次印刷
ISBN 978-7-229-17692-1

定价:68.00 元

如有印装质量问题,请向本集团图书发行有限公司调换:023-61520678

版权所有　侵权必究

前　言

大学生的心理健康教育是高等教育的重要组成部分。大学生正处于人生发展的重要时期，应该以积极、健康的心态面对校园生活和未来职业生涯。但在实际生活中会面临各种问题，将积极心理学引入大学生心理健康教育就变得格外重要。因此，高校发展心理健康教育，要以面向全体学生、提高学生的心理素质为基础，以帮助学生解决各种心理问题、指导学生适应大学生活、有效预防和干预学生心理危机为目的，结合实践教学经验，调动大学生的积极性，激发他们的学习兴趣，真正落实大学生心理健康教育。

鉴于此，笔者编写了《大学生心理教育实践研究》一书，在内容编排上共设置七章：第一章主要阐释大学生的心理特点、大学生心理健康的地位和作用、大学生心理健康的标准；第二章内容涵盖初识大学生心理自我意识、自我意识失调的种类、自我意识的合理确立；第三章探讨了情绪的本质及其产生、大学生常见的情绪问题、大学生情绪的自我调节；第四、五、六章论述了大学生自我探索与性格优化、大学生人际关系心理、大学生压力管理；第七章围绕大学生职业生涯决策、生涯规划管理、新兴职场技能、创新创业基本技能培养进行研究。

本书结构科学、实用性强，力求达到理论与实践结合，对大学生心理健康教育进行全面深入的探讨，以有利于大学生的心理发展为宗旨，注重理论和实践的结合，对大学生正确认识自身心理发展以及以积极健康的心理状态去面对生活具有重要意义。

笔者在撰写本书的过程中，得到了许多专家学者的帮助和指导，在此表示诚挚的谢意。由于笔者水平有限，加之时间仓促，书中所涉及的内容难免有疏漏之处，希望各位读者多提宝贵意见，以便笔者进一步修改，使之更加完善。

目　录

《第一章》 绪 论

第一节 大学生的心理特点

大学生的心理功能随着生理功能的发展而不断加强，但心理的发展还不完全成熟。具体而言，主要表现在以下方面。

一、心理发展的特点

青年期是一个人朝气蓬勃走向独立生活的时期，是一个人开始决定自己生活道路的时期。处在青年期的大学生的心理状态迅速成熟但还未真正成熟，心理活动的各个方面都有明显的体现，并形成了有别于一般青年心理发展的基本特征。

第一，自我意识增强，但"自我统和"能力差。自我意识是指人对自身的认识及对周围事物关系的各种体验，它是认识、情感、意志的综合体，是人心理发展过程中一个极为重要的方面。自我意识的发展与年龄有关，而且与人的知识水平有关，大学时代是人真正自我认识的时期。青年大学生随着对外界认识的不断提高，生活经验的不断丰富，开始关注自己的内部世界，迫切要求了解自己和发展自己，出现了主我与客我、理想自我与现实自我的分化，力图从理想与现实的关系中把握自己、认识自己，以追求自我完善。虽然大学生的自我意识明显增强，但生活阅历有限，与现实社会有一定的距离，社会实践能力不强，造成了自我意识在自我认知、自我体验等方面出现偏差。在自我认知方面表现为过强的自尊心和自卑感；在自我体验方面表现为过度的自我接受和自我拒绝。"自我统和"是青年心理发展的必经历程，顺利完成"自我统和"是青年期发展的关键。如何建立对自我的正确认识，是青年期大学生常遇到的心理问题。

第二，抽象思维迅速发展，但缺乏成熟的理性思考。由于大脑功能的不断增强，生活空间的不断扩大，社会实践活动的不断增多，大学生的认知能力获得了长足的发展。这个时期他们的感觉和知觉灵敏度、记忆力、思维能力增强，逻辑抽象思维能力逐步占主导地位，通过分析、综合、抽象、概括、推理、判断来反映事物的关系和内在联系，并能从一般的逻辑思维向辩证思维过渡，更多地利用理性思维，而且思维的独立性、批判性、创造性都有显著提高。但他们抽象思维的水平并没有达到完全成熟的程度，思维品质发展不平衡，思维的广泛性、深刻性、敏感性发展较慢，尤其在运用唯物辩证法观点和理论联系实际观点看问题时显得理性不足，往往把问题看得过于简单而陷入主观片面的境地。

第三，情感日益丰富，自我意识强。大学生正值青年时期，丰富多彩的大学生活，使其情感日趋复杂，情感表现具有强烈跌宕、不协调的特色，因而大学时代是体验人生情感最强烈的时代，这种强烈情感的内容随着知识经验的增多、生活空间的扩大、业余生活的丰富、自我意识的增强而日臻多姿多彩。大学生富有理想、关心时政、激情澎湃，总而言之，他们的情感日渐丰富且迅速向深度广度发展。但由于大学生对社会的复杂性、自己欲望行为的合理性缺乏足够的正确认识，加之他们风华正茂、自尊感强烈而敏锐，情绪容易产生较大的波动，所以他们常常被情感控制。

第四，交往兴趣强而心理闭锁。对处于青年期的大学生而言，人际关系是其自我意识成熟的重要途径，人际关系直接影响其适应能力和发展状况。大学时代是既渴望友情又追求孤独的时代，大学生在整个大学时代都渴望与他人建立起亲密关系以满足感情上的需要。然而，许多大学生对人际关系的追求往往较为理想化，以友谊的理想模式为标准来衡量生活中的人际关系，导致高期望值与高挫折感并存。由于部分学生存在着多方位的逆反心态，缺乏与同学的基本合作精神和宽容精神，缺乏人际必要的信任和理解，加之交往方式欠妥、交往能力有限和人格缺陷等原因，容易导致其交往失败。长期的交往失败，使一些大学生把交往看成是一种负担，渐渐地造成心理上的闭锁，长此以往就会出现一种难以诉说的孤独感。大学生的这种状态与随着生活空间的扩大而出现的强烈的交往需要便构成了一对难以调和的矛盾。

从大学生的心理特点可以看出，大学生正处于迅速走向成熟，但又未达到真正成熟的阶段，这种情况既存在积极的一面，又存在消极的一面，因而在心理发展中，就难免出现许多矛盾和冲突，诸如独立性与依赖性的矛盾、强烈的求知欲与识别能力低的矛盾、情感与理智之间的矛盾、理想与现实的矛盾等。但是，大学生正是在解决矛盾、冲突的过程中才逐步走向成熟的。

二、心理意识转变的特点

第一，求知愿望。求知是一种内在的精神需要——认知的需要。学生的求知欲也并非随年龄的增长而自然提高，它需要有适宜的环境和正确的引导与培养。

第二，参与意识，其中包括两方面：一是指大学生作为一个特殊的社会群体，积极参与社会政治经济文化活动，二是指大学生积极参与校园内的各项活动。

第三，情感和交友需要。大学生风华正茂，感情不再像中小学生那样天真、纯朴、直白，而是比较内向含蓄。此外，敏感、自尊、喜欢表现自己也是其突出的情感特征，大学生的集体主义情感、爱国主义情感、义务感和荣誉感等都向着深度和广度发展。大学生随着年龄的增长和生活环境的变化，自我意识有了新的发展，他们十分渴望获得真挚的友谊，进行更多的情感交流。

第四，独立意识。独立意识是个体以"自我"为中心的。它表现为个体以"自我"为中心的信息持续克服环境对象的阻力或诱惑力的耐性。个体以"自我"为中心的信息持续克服环境对象的阻力或诱惑力的耐性越强，个体的独立意志就越强。独立意志越强，个体实现实证能力充分发挥的可能性就越大，个体就越有可能达到实现实证，从而最大可能地获取自由实现实证的内在美感体验。进入大学之后，由于环境的变化引起心理感受的变化，大学生会发现原先所认识的自我是由家长、老师、同学所塑造出来的，不是真正的自我，因而强烈地要求重新塑造并确立真正的自我，在自我评价能力和自我控制能力方面比中学时代有所提高，但发展的水平参差不齐。

第五，意志力增强。大学生的独立意识和自觉性明显增强，对自己行动的目的性和社会意义有较清晰的认识，但果断性、自制力和坚毅性存在较大的个体差异，意志品质的发展仍表现出不稳定性，科学的体育教学和锻炼，有助于健康情感的发展和坚强意志品质的养成。

三、心理年龄成熟的特点

大学生入学的平均年龄在 18 岁左右，处于青年中期。这一时期是青年到成人的过渡期，从心理发展的水平角度来讲，其心理发展正迅速走向成熟而又未真正完全成熟。

从心理发展所依赖的两个条件，即生物属性和环境属性条件来看，大学时期，生理除了在有些方面还继续保持着缓慢的发展，总体而言已基本成熟。大学生的心理发展因此能达到较高的水平，总体表现出成人心理的某些特征。然而，由于大学生所处环境的特点，心理发展阶段的局限性，环境因素对心理的影响作用受到了限制。

第二节　大学生心理健康的地位和作用

大学是知识的殿堂，是莘莘学子开拓人生前景的阶梯。大学阶段是大学生生命活动最旺盛的阶段，是身心发展逐渐走向成熟的阶段，是接受教育，形成价值观，获取专业技术知识，提高文化素养，拓宽知识领域和自我完善的关键时期。在此期间，大学生的心理健康状况将直接影响理想目标的实现，影响毕业后步入社会对各种环境的适应，始终保持旺盛的精力，健康地为祖国现代化建设服务等各方面的问题。因此，心理健康是社会发展对立志成才的大学生提出的必然要求。

一、大学生心理健康的地位

（一）时代对大学生的要求

心理素质不仅影响到大学生自身的发展，而且也关系到人才的培养，更关系到全民族素质的提高。当代人的素质不能适应社会进步和发展的需要，最欠缺的是心理素质，具体表现为意志薄弱，缺乏承受挫折的能力、适应能力和自立能力，缺乏竞争意识和危机意识，缺乏自信心，依赖性强等。究其原因，与教育不重视人的心理素质的培养与塑造有直接关系。

当今时代是国际政治经济竞争激烈、科学技术飞速发展的时代，在严峻而紧迫的局势下求得生存与发展，需要有良好的心理素质做后盾、作保证，方能适应变化，克服困难，经受压力，方能执着追求锐意进取。国内社会主义市场经济体制的确立，带来了一场深刻的社会革命，带来了经济的高速发展和社会的繁荣，对人才素质也提出了更高的要求。要求人才不仅具有坚定的政治方向和较高的道德水准，而且还要求具有与时代相一致的现代意识和良好的心理素质，如开拓进取精神、勇于承担责任、敢于冒风险、顽强的毅力、自信乐观、能够承受挫折与失败等，具备了较高的心理素质和心理健康水平，才能符合当代社会发展的要求。

（二）人才成长的必要条件

每一个大学生都希望自己健康成长，学习更多的知识，发展过硬的能力，掌握更多的本领，早日成为社会的有用之才。而人才的成长，除了合适的外部环境之外，内在的因素才是决定性的因素。

当今时代和社会的变迁，给心理健康在新世纪人才中的作用赋予了更加重要的意义。大学生是国家的栋梁之材，大学阶段正是学生世界观、人生观和价值观的形成阶段。健康的心理是大学生接受思想政治教育和学习科学文化知识的前提，直接影响着大学的学习、交往、生活、发展等方方面面。大学生心理健康问题不仅关系到大学生个人的成功，也关系到民族素质的提高。大学生在成才过程中，必须以良好的心理素质和心理健康作为前提和保障。概括而言，心理健康是大学生赖以成才和发展的重要基石。当代大学生在成长过程中面临着许多心理和行为问题，其中有成长中的问题，也有业已形成的问题。对大学生积极开展心理健康教育是使大学生顺利成长的重要保证，也是大学生其他诸多素质得以顺利发展的基础和平台。心理健康是大学生接受思想政治教育以及学习科学文化知识的前提，是大学期间正常学习、交往、生活、发展的基本保证，如果一个人经常、过度地处于不良的心理状态，学习的注意力会受到严重的干扰，进而影响到学习的认知过程，影响到对知识的掌握和能力的提高。心理健康对成才的影响，还表现为个性品质、态度形成及行为的选择上。心理健康的大学生，能够正确认识当前社会发展的激烈竞争的形势，明确当代年轻人所担负的重大历史责任，选择切合自己实际的目标，态度明确，需要合理，动机适中，人际关系和谐，情绪体验深刻、稳定，意志坚强，能够理智地、勇敢地面对困难和挫折。既能和同伴竞争，又能与人合作，社会适应能力强；既能正确地认识和评价自己，又能正确地认识和评价别人，具有良好的竞争观和开拓创新素质。心理健康是实现成功人生的必要条件。

（三）大学生成才的保证

心理健康是实现成才目标的基础。成才的基本要求是热爱祖国，追求真理，献身科学，立志为建设中国特色社会主义而奋斗，充分发展智能，发挥创造力，成就事业，造福人民，实现自身的人生价值，这一要求只有在心理健康的保证下才有可能实现。部分学生在学习上动机过强或过弱，注意力难以集中，考试过度焦虑、严重抑郁、自卑等不良心理，正是心理不健康的表现，这些方面抑制人的智能充分发展，使创造力不能得到有效的发挥，从而无法成就大事业。事实证明，人才的成长和人生的成功是与心理健康密切相关的，心理不健康不仅阻碍人才的成长，而且影响事业的成功。

心理健康是智力因素发展的重要保证，是最大限度发挥个人潜能的基础条件。如今，大学生有着不同于一般青年的更高的抱负和追求，也面临着更多的机遇和挑战，要承受更大的心理压力与冲突。可见，心理健康是时代和未来事业对大学生的要求，也是大学生成长和成就事业的有力保障。人的心理活动和生理活动是密切相关，相互依存的，不存在无生理活动的心理活动，也不存在无心理活动的生理活动。生理健康是心理健康的基础，而心理健康反过来又能影响或促进生理健康。如果善于调节情绪，经常保持心情愉快，可以达到未雨绸缪，维护身心健康的作用。心理健康是完成学业、全面发展的保证。健康是人生的第一财富。对大学生而言，心理健康更是学业有成、事业成功、生活快乐的基础。

提高心理健康水平对大学生发展具有重要意义。大学生作为社会上最活跃，最有知识的人群，他们的生理和心理在迅速的变化之中，处于成熟与不成熟之间。而现实生活中，大学生所面临的竞争、社会责任等各方面的压力，会随着社会的发展加速，竞争的激烈，而承受更重的心理负荷，所感受到的矛盾和冲突也会增加，同时大学生活中人际关系的复杂化等不良应激性因素刺激也对大学生个体造成心理压力。如果个体不能做出适应性反应，就可能引起心理失衡，这些状况持续下去，就可能导致心理障碍或行为异常。心理健康对大学生有效地抗御心理疾病，提高学习效率，完成学习任务，提高人际关系水平和生活质量，有着重要的作用。现实生活中每个人都应对自己的健康负责，积极地通过各种途径提高自己的心理健康水平。

心理健康是大学生掌握文化科学知识的重要保证。学习是一项艰苦的脑力劳动，在学习过程中会遇到许多困难和挫折。不健康的心理状态，势必会影响学习效率，影响对知识能力的掌握。认知、情绪、意志及行为的任何一个方面存在问题，都会影响扰乱学生的心理平衡，影响到学习过程，造成注意力涣散，记忆力下降，思维过程阻滞，联想想象发挥受阻，问题不能得到解决，最终会影响到个人潜能的充分发挥。

健康的心理，以积极进取、服务于社会的人生观作为自己人格的核心，并以此为中心把愿望、目标和行为统一起来，确立远大理想，从而产生强大的学习内驱力，推动大学生努力完成学业，自觉攀登科学高峰。有了良好的心态，不仅能取得好的学习效果，而且有益于终身的发展。如果缺乏心理健康，就难以培养具有先进文化知识的合格大学生。

综上所述，心理健康教育不仅是提高大学生整体素质的要求，而且也是大学生全面发展成为"四有"人才的重要保证和基础。大学生的心理健康是关系到成才与否的头等大事。只有健康的心理素质和健康的生理素质相结合，加之其他积极因素的相互作用，大学生成才才有了可靠的内在条件，一颗颗人才的新星才有可能升起。

二、大学生心理健康的作用

（一）有利于确立正确的人生观与世界观

人具有一切动物所没有的"灵魂"，即人所独有的极其复杂、丰富的主观内心世界。而主观内心世界的核心部分即一个人的人生观和世界观。如果有了正确的人生观和世界观，一个人就能对社会、对人生、对世界上的事物，有正确的认识和了解，并能采取适当的态度和行为反应，正确地体察和分析客观事物，做到冷静而稳妥地处理事情，同时也能心胸开阔，保持乐观主义精神，提高对心理冲突和挫折的耐力，从而防止心理障碍问题的发生，有利于保持心理健康。

（二）有利于认识能力范围以便确定目标

一个人的能力是由先天遗传和后天发展共同决定的。虽然大多数人的能力基本类同，但是应该客观地认识到，每个人的能力都有一定的限度，都具有优势和劣势两个侧面。一个心理健康的人应当能够对自己的能力做出客观的评价，并付诸社会实践。做到这一点对于保护个体少受挫折及充分发挥才能是非常重要的。

换言之，只有充分了解自己的能力及其特点时，才能确定出适合自己的恰当追求目标，并能通过艰苦努力最终实现这一预定目标。在这个获得成功的过程中，个人的需求得以满足，个人的价值得以体现，对自己的信心得以巩固和增强，并能使自己的心理处于良好的竞技状态。同时，在这一过程中，个人的能力也得到了锻炼和培养，为追求奋斗目标奠定了坚实的基础。假如一个人不能客观估量自己的能力范围，仅凭良好的愿望和热情盲目地制定宏伟目标，结果往往是目标落空，在个人心理上蒙受打击，产生挫折体验。这样，不仅耗用了精力和时光，也给自信心和心境造成不良影响，而且还会影响到今后的发展，所以每个大学生都应该认真对待这一问题，使自己能够脚踏实地地顺利发展，维护心理健康。

（三）有利于自我情绪调控

稳定而良好的情绪状态，使人心情开朗，对生活充满乐趣与信心；对身体状态的自我感受是良好的，舒适的。反之，如果一个人情绪波动不稳，患得患失，喜怒无常，处在不良的情绪状态中，而自己又不会调节和控制，就会导致心理失衡和心理危机。因此，要维护和保持心理健康就必须学会对情绪的自我控制。

在生活中，人们难免会遇到不良刺激而出现情绪反应。然而，强烈的愤怒会降低人的理智水平。因此，一个人应该在自己情绪剧烈发展的进程中及时给予控制，以避免愤怒情绪的最终爆发。排除愤怒情绪的具体方法有：及时告诫和提醒自己，及时脱离现场，接受他人的劝解，让自己试着换个思考问题的角度和解决问题的途径等。总而言之，培养良好的情绪控制能力对每个人的身心保健都是非常有益的。

（四）有利于疏泄积郁情绪

生活中人们难免会遇到令人不愉快和烦闷的事情，有时还可能因此产生有害于心理健康的长期压抑情绪。针对这类情况，若能找机会与朋友、同学、亲人等将自己的苦闷心情倾吐出来，使不良情绪得以发泄，压抑心境就可能得到缓解或减轻，失去平衡的心理也可以逐步恢复正常。并且在倾诉郁闷的过程中，还可能获得更多的情感支持和理解，获得认识和解决问题的新思路，增强克服困难的信心等。例如，部分大学生因想家心切，学习不得法，生活问题难以处理等，而苦闷、抑郁，正常学习活动受到严重干扰。这时，如果他们能去找同学倾诉，就可以获得鼓励和帮助，使自己顺利克服困难，更快地适应大学生活。总而言之，亲人、朋友和同学可以在消除压抑心境、恢复心理平衡方面提供非常有益的帮助。

（五）有利于防止心境压抑

一个人如果能够注意培养和发展自己的业余爱好，进行多方面的自我娱乐活动，这样就可以在其寂寞孤独、烦闷抑郁时，通过自我娱乐，以防止心境的压抑，使身心获得有益的休整和放松。通常而言，人们不可能总是工作和学习，在业余时间，积极开展愉快的娱乐活动，做到积极的放松，只有这样才能使自己得到真正的身心保健，并使自己更有效地从事工作和学习。

在现实生活中，不良心理会对身心健康造成有害影响。所以，在大学阶段有必要依据自己的性格特点和条件，注意培养和发展一些业余爱好，学会自我娱乐，这对维护心理健康十分有益。

（六）有利于避免过度紧张

目前，我国正在社会生活的各个领域逐步引进竞争机制，因而竞争意识对人们的影响也愈来愈大。大学生正值青年阶段，青年人在一起又易于出现争强好胜、相互攀比的现象，所以有许多大学生会盲目地与他人展开竞争。然而，由于每个人的精力有限，又各具不同的优势，人们在与他人竞争时，应该有所选择和侧重。有所选择是指要注意发挥个人拥有的优势方面；有所侧重是指在竞争中应把主要精力放在对自己有较大意义的方面，而避免分散精力，去做无谓的竞争。这样，一方面有利于充分发挥自己的优势，能够顺利地取得成果，达到自己所追求的目标；另一方面也有助于维护自己的心理健康。

（七）有利于扩大人际关系

人作为社会的一员，必须生活在社会群体之中，大学生也是社会群体之一，每个大学生都必须生活在这个群体里。通过社会交往活动，一个人就能与群体中其他成员或其他社会群体进行交往和联系，进行思想沟通和情感交流，就能从中得到启发、疏导和帮助；通过积极的社会活动，扩大人际关系，不仅可以使人增进理解，开阔心胸，还可取得更多的社会支持。更重要的是，还可以使人感受到充足的社会安全感、信任感和激励感，从而大大地增强生活、学习和工作的信心和力量，最大限度地减少心理应激和心理危机感。这是人们维护和保持心理健康最基本最重要的因素之一。

第三节　大学生心理健康的标准

健康，既是人们熟悉和关切的话题，又是一个久远和丰富的概念。我国最早的中医典籍《黄帝内经》① 中有内外因的病理学说：外因——风、寒、暑、湿、燥、火；内因——喜、怒、忧、思、悲、恐、惊。进入近代社会，人们普遍认为"身体无病无残，体格健壮不弱"就是健康，这种"无病即健康"的观念一直为许多人所持有，并且影响了医疗保健和卫生政策。

随着科学文化和社会的不断发展，传统的生物医学模式开始向"生物-心理-社会"医学模式转变。健康不仅是没有疾病，而且是一种躯体、心理和社会适应方面的完满状态。健康不仅是疾病或体虚的匿迹，而且是身心健康、社会幸福的总体状态，是基本人权达到尽可能高的健康水平，是世界范围的一项最重要的社会性目标。而实现这一目标则要求卫生部门及社会与经济各部门协调行动。健康的三个主题是：生命的准备、生命的保护、晚年的生活质量。

健康是指生理、心理和社会适应都能保持良好的状态，而不仅仅是指没有疾病或体质健壮。同时，为了加深人们对健康的认识，健康的十条标准，具体如下：①有足够充沛的精力，能从容不迫地应付日常生活和工作压力，不感到过分紧张。②处事乐观，态度积极，勇于承担责任，不论事情大小都不挑剔。③善于休息，睡眠良好。④能适应外界环境的各种变化，应变能力强。⑤能够抵抗一般性的感冒和传染病。⑥体重适当，身体匀称，站立时，头、肩、臂的位置协调。⑦反应敏锐，眼睛明亮，眼睑不发炎。⑧牙齿清洁，无空洞、无痛感、无出血现象，齿龈颜色正常。⑨头发有光泽，无头屑。⑩肌肉丰满，皮肤富有弹性。

---

① 《黄帝内经》奠定了人体生理、病理、诊断以及治疗的认识基础，是中国影响极大的一部医学著作，被称为医之始祖。《黄帝内经》作为《中华优秀传统文化百部经典》之一，2021 年已经推出。

一、大学生心理健康的基本标准

心理健康与否没有一个绝对的界限，判断一个人心理是否健康是相当困难的。根据我国大学生这一特殊群体的年龄特征、心理特征和社会角色特征，其心理健康的基本标准可归纳为以下方面：

（一）正常的智力

智力，是指一个人的认识能力和活动能力所能达到的水平。它是人的观察力、注意力、记忆力、想象力、思维力、创造力及实践活动能力等的综合，包括在经验中学习或理解的能力、获得和保持知识的能力、迅速而成功地对新情境做出反应的能力、运用推理有效地解决问题的能力等。

正常的智力是大学生学习、生活、工作最基本的心理条件，是大学生胜任学习任务、适应周围环境变化所必备的心理特征，也是衡量大学生心理健康的首要标准。一般而言，能通过高考的选拔足以表明大学生的智商是正常的，且总体水平会高于同龄人。

衡量大学生智力水平的关键在于大学生的智力是否正常地、充分地发挥了效能。大学生智力正常且充分发挥效能的标准是：有强烈的求知欲和浓厚的探索兴趣；智力结构中各要素在其认识和实践活动中都能协调地参与，并能积极地发挥作用，乐于学习。

（二）主动适应社会的发展

人生活在社会中，离开了他人及他人的帮助，人将无法生存。所谓合乎常理地认识客观现实，是指对一些人人皆知的东西，不要有悖于常理。较强的适应能力是心理健康的重要特征。

个体应与客观环境保持良好互动，既要进行客观观察以取得正确认识，以有效的方法应付环境中的各种困难，又要根据环境的特点和自我意识的情况努力进行协调，或改变环境适应个体需要，或改造自我适应环境。

心理健康的大学生，应与社会保持良好的接触，对社会现状和未来有较清晰正确的认识，思想和行动都能跟上时代的发展步伐，与社会的要求相符合。这里所讲的适应，不是一味地被动迎合，而是在认清社会发展趋势的基础上，不逃避现实，努力提高自己，主动适应社会发展的要求。

在现实生活中，每个人在不同的场合或从不同的角度来看，都充当着不同角色，有不同的身份，社会对各种角色有相应的要求或规范。如果个体的行为与其充当角色的规范基本一致，说明其心理处于健康状态。

（三）正确的自我评价

一个心理健康的人，能体验到自己的价值，既能了解自己，也能接受自己。对自己的能力、性格和优缺点都能做出恰当、客观的评价。不会高估自己，对自己具有的一些长处和优势沾沾自喜，提出不切实际的生活目标和理想。心理健康的人能接受自己，对别人的评价能做出客观的反映，自我认识稳定，并保持积极的生活态度，努力发挥自己的潜能。反之，一个心理不健康的人，不能恰当地认同自己，总存在强烈的心理矛盾冲突，对自己总是不满意，缺乏积极的自我态度。总是要求十全十美，而总是无法达到，因此无法保持平衡的心理状态。

大学生要有正确的自我概念，并对自己采取客观现实的态度，客观地进行自我评价，这是大学生心理健康的重要条件。一个心理健康的学生对自己的认识，应比较接近实际，摆正自己的位置，既不以自己在某些方面高于别人而自傲，也不以某些方面低于别人而自卑。面对挫折与困境，能够自我悦纳，接受自己。了解自己的长处，才会清楚自己的发展方向；了解自己的缺陷，才会少犯错误。既不狂妄自大，又不自暴自弃。

（四）具有健全的人格

人格，在心理学上是指个体比较稳定的心理特征的总和。人格完整，是指有健全统一的人格，健全的人格指个人的所想、所说、所做都是协调一致的。大学生人格完整的主要标准是：人格结构的各要素完整统一，具有正确的自我意识，不产生自我同一性的混乱，能以积极进取的人生观作为人格的核心，把自己的需要、愿望、目标和行为统一起来。

因此，心理健康的人其人格是健全统一的，其行为表现出一贯性或统一性；反之，心理不健康的人其人格缺乏统一性，行为表现不连贯，变化无常，如双重人格或多重人格等。

（五）正常的心理年龄

人的心理行为表现是与人的不同阶段的生理发展相对应的，不同的年龄阶段往往具有不同的心理行为特征。对心理健康的人而言，其认知、情感、言行、举止应与其所处的年龄段相符合。心理健康的大学生应该是精力充沛、勤学好问、反应敏捷、喜欢探索的。

（六）和谐的人际关系

良好的人际关系是事业成功与生活幸福的前提，人总是处于一定的社会关系中，和谐的人际关系，既是大学生心理健康不可缺少的条件，也是大学生获得心理健康的重要途径。和谐的人际关系具体表现为以下方面：

第一，交往动机端正。

第二，乐于与人交往，在交往中具有稳定而广泛的人际关系。

第三，在与同学的交往中能保持独立的人格，有自知之明，不卑不亢。

第四，能客观地评价自己和他人，善取他人之长补己之短。

第五，宽以待人，乐于助人。

第六，积极的交往态度多于消极态度。

二、大学生心理健康标准的要点与障碍

（一）大学生心理健康标准的要点

大学生心理健康的标准是相对的，在理解和运用心理健康的标准时，应注意以下方面：

第一，一个人是否心理健康与一个人是否有不健康的心理和行为并非完全是一回事。判断一个人的心理健康状况，不能简单地根据一时一事下结论。心理健康是较长一段时间内持续的心理状态，一个人偶尔出现一些不健康的心理和行为，并非意味着这个人就是心理不健康。

第二，人的心理健康水平可以分为不同的等级，是一个从健康到不健康的连续状态，从健康状态到不健康的状态之间有一个较长的过渡阶段。一般而言，心理正常与异常并无确定的界线，只是程度的差异而已。

第三，心理健康状态并非固定不变，而是一个动态的变化过程。既可能从不健康转变到健康，也可能从健康转变为不健康。随着人的成长、经验的积累、环境的改变，心理健康状况也会有所变化。因此，心理是否健康只能反映一个人某一段时间内的固定状态，并不是一生的状态。

第四，心理健康的标准无论是哪种表述，都是一种理想的尺度，它不仅为我们提供了衡量是否健康的标准，而且为我们指明了提高心理健康水平的努力方向。

第五，个体心理健康的基本标准是能够有效地进行工作、学习和生活。如果正常的工作、学习和生活难以维持和保证，就应该引起注意，及时调整自己。

（二）大学生心理健康标准的条件

关于心理健康标准的条件，主要有以下方面：

第一，智力正常。一般智商在 80 以上，这是人们学习、生活与工作的基本心理条件，也是适应周围环境变化所必需的心理保证。

第二，情绪健康。情绪健康的标志是情绪稳定和心情愉快。包括：乐观开朗，富有朝气，对生活充满希望；情绪较稳定，善于调节与控制自己的情绪，情绪反应与环境相适应。

第三，意志健全。在各种活动中都有自觉的目的性，能适时地做出决定并运用切实有效的方法解决所遇到的问题；在困难和挫折面前，能采取合理的反应方式；能在行动中控制情绪和行为，而不是盲目行动、畏惧困难、顽固执拗。

第四，人格完整。人格指的是个体比较稳定的心理特征的总和。具有正确的自我意识，能以积极进取的人生观作为人格核心，并以此为中心把自己的需要、目标和行动统一起来。

第五，正确的自我评价。正确的自我评价是心理健康的重要条件。个人要学会自我观察、自我认定、自我判断。能做到自尊、自强、自制、自爱。正视现实，积极进取。

第六，人际关系和谐。人际关系和谐表现为：乐于与人交往，能用尊重、信任、友爱、宽容、理解的态度与人相处，能分享、接受和给予爱和友谊，与集体保持协调的关系。

第七，社会适应正常。个体和客观现实环境保持良好的秩序。个体能客观地认识现实环境，以有效的办法应对环境中的各种困难，能根据环境的特点和自我意识的情况努力进行协调，或改善环境以适应个体需要，或改造自我以适应环境。

第八，心理行为符合年龄特征。不同年龄有不同的心理行为，心理健康者应具有与多数同龄人相符合的心理行为特征，如果严重偏离，就是不健康的表现。

三、大学生心理健康标准的具体要素

（一）潜能

潜能，也称能力倾向，是在当前发展阶段已经显现出的一种潜在的、有助于某项活动顺利进行的可能性。潜能不会自动成为现实的能力，这种可能性必须通过学习、培训及其他手段才会变为实际能力。

潜能是人类原本具备却忘了使用的能力，藏在潜意识中。潜意识内聚集了人类遗传基因沉淀的资讯，囊括了人类生存最重要的本能与自主神经系统的功能，即人类过去所得到的所有最好的生存信息。因此，只要懂得开发这股与生俱来的能力，几乎没有实现不了的愿望。正是因为具有隐藏性，许多人并不能够有效地发挥自我的潜能。

潜能包括生理潜能和心理潜能。生理潜能是指人的生理组织状况，特别是脑神经结构及其功能。生理潜能具有生理解剖上的特性，是人类在自然进化中所获得的全部成果的积淀、内化和浓缩，并通过生物基因遗传方式而得以保持、巩固和延续。生理潜能是潜能结构中的基础，是人的潜能素质结构赖以存在和发展的物质载体。

心理潜能是指人的心理活动借以展开的那些相对稳定、内在、深层的动力倾向性的基本心理品质，是个体心理活动的动力根源。心理潜能由两个层次构成：一是内在的驱动倾向性的心理素质，其内容是需要、兴趣和动机；二是内在自我调控性心理素质，其内容有激励和调控的功能，被用来制约和影响潜能结构活动状况。

健康优良的心理素质使个体形成斗志昂扬、奋发向上的心理状态，概括了丰富多样的心理活动所必须依赖的内在、稳定的深层心理品质，规定了个体心理活动过程的强度、韧性、稳定性和灵活性等功能指标。个体的心理素质是潜能结构中的心理动力倾向性层面，属于动力型子系统，发挥着发动作用，从而更充分地释放潜能结构的创造功能。

（二）积极人格

积极的人格与自我意识是经营人生的要素。人生的成长目标是达到自我实现，也就是最大限度地了解自我、发展自我、成就自我，达到自我完善和自我超越。人的自我实现在于协调理想自我与现实自我的距离，使两者达到最完美的结合。

积极人格是一系列积极素质的综合体，它的特点是有洞察力，有团结合作的精神，善良和充满希望等。积极的人格特征中存在两个独立的维度：一是正性的利己特征，指接受自我，具有个人生活目标或能感觉到生活的意义，独立、成功或能够应对环境和环境的挑战；二是与他人的积极关系，指的是当自己需要的时候能获得他人的支持，在别人需要的时候愿意并且有能力提供帮助，看重与他人的关系并对于已达到的与他人的关系表示满意。所以，积极的人格有助于个体采取更为有效的应对策略，从而更好地面对生活中的各种压力。

（三）乐观人格

人最难改变的是看待事物的视角，快乐与否在大多数情况下取决于主观意识；态度不同，心情自然也不同。乐观是世上人、事、物皆快乐而自足的持久性心境。心理学中对于乐观的定义主要有乐观人格倾向和乐观解释风格两种。

乐观人格倾向，也可称作气质性乐观。乐观是一种比较稳定的人格特质，代表人们对未来积极事件发生的一般期望。乐观人格倾向理论将人视为连续体，一端是乐观者，通常认为好事会发生；另一端是悲观者，一般认为坏事会发生，并且人们可以表现出较为稳定的乐观或悲观倾向。乐观的人格特质能够使个体对自己形成一种重要而又健康的自我暗示。

乐观可以被当作一种可以由学习得来的解释风格。解释风格是指个体对成功或者失败进行归因时表现出来的一种稳定倾向。解释风格分为两种：乐观解释风格和悲观解释风格。一个人之所以乐观，主要是因为这个人善于把消极事件、消极体验及个体所面临的挫折或失败归因于暂时、外在、特定的因素，这些因素不具有普遍意义。与此相反，一个人之所以悲观则是因为这个人学会把消极事件、消极体验及个体所面临的挫折或失败归因于稳定、内在、普遍的因素。乐观解释风格理论主要认为乐观是个体对其经历过的事件的归因模式，是认知的个性变量，是个体人格特征重要的表现形式之一。

气质性乐观和解释风格乐观都认为乐观是一种稳定的人格特质，但是它们又是从不同角度来定义乐观的。气质性乐观是指对未来目标的总体期望，代表的是乐观的直接含义，而解释风格乐观则通过对过去特定事件的归因方式评价个人的乐观水平，它与乐观是一种间接的关系。总而言之，对于乐观的定义可以理解为：乐观作为一种重要的人格特质，是建立在积极的解释风格（归因方式）基础上的对未来事件的积极期望，它是调节人的心理健康和身体健康的一种重要内部资源。

1. 乐观的作用

乐观的作用主要包括以下方面：

（1）乐观可以促进健康。决定身体健康的一个很重要因素就是认知，对健康的看法会督促个体采取行动改善自身的健康状况。积极的情绪状态能够防止和减少疾病的发生，乐观能够保护人们免除疾病，乐观者比悲观者较少受到传染病的感染，甚至有研究显示乐观者寿命更长。另外，乐观还可以促进心理健康。与悲观者相比，乐观者适应性强，对生活的满意度较高，形成抑郁的可能性较低。例如，乐观的大一新生有较低水平的压力抑郁和孤独感，能感受到更多的社会支持，更能够适应新生活。

（2）乐观可以增进成就。乐观者和悲观者之间的差异并不在于目标本身，而在于他们在实现目标过程中的差异。越是乐观的人，越是能够积极地期待着实现日常生活中的那些单个目标。此外，除了期望实现目标之外，乐观者还对树立的目标表现出较强的执着度和忠诚度。悲观者即便认为自己的目标是重要的，仍无法保持对目标的执着，不相信它一定能够实现，而总是似乎要停止努力，这也减少了目标实现的可能。

（3）乐观让人们获得更多的资源。乐观的人更愿意和人交往，这样他们便有可能获得更多的社会支持资源，如朋友的帮助、同事的支持、领导的赏识，从而拥有更多发展自身能力的机会。乐观者拥有更高的自尊，在遇到挫折时，会用一种更积极的心态来评价和分析压力情境，采用任务定向的应对策略，寻找问题解决的方法，寻求社会支持系统；自我接纳并进行自我改进，积极再定义压力事件，利用爱好或兴趣转移注意力克服困难，获取更多的资源帮助自己前进。

（4）乐观能得到更多认同。在日常生活中，乐观的人更容易用自己积极的情绪感染人，他们的言语和行为更易得到认同，因此，成功的概率也会相应增加。

2. 乐观者的特征

乐观者具有的特征一般包括四个方面：①接纳、认可自己。乐观的人首先要对自己采取一种肯定的评价态度，能够自我认可、自我接纳。②包容他人。能够对他人采取包容的态度也是乐观者的一个特征。乐观者在与他人相处时，通常能够较多地认识到别人的优点和长处，体谅别人的情绪感受，并能乐于同他人交往，能够在与他人的交往中获取有益的知识和经验。③能够从积极的角度思考问题。乐观者常能够以辩证的态度看待周围世界和客观事物，从积极的角度思考问题，在低谷中看到转机。意志坚强的乐观者面对诸多问题，总是抱着仍有可为的态度，遭遇变故会变得更加坚强。④具有坚定的信念。乐观者对于自己认准的目标非常执着和忠诚，不会因为一两次失败动摇自己的信念。

（四）希望

把希望归入情感领域，认为希望是一种情绪体验，一种在个体处于逆境或困境时能够支撑个体坚持美好信念的特定情绪，与日常生活中的希望概念相似。把希望归入认知领域，认为希望本身就是一种使个体维持自己朝向某种目标活动的思维和信念。希望可以既包括认知成分，又包括情感成分。

满怀希望的人虽然也像其他人一样经历很多的挫折，但是他们形成了自己能应对挑战和不幸的信念，并坚持进行积极的自我对话。当目标遇到障碍时，满怀希望的人较少体验到消极情绪，可能是因为他们创造性地找出了其他可选择性的达到目标的方式，或者灵活地选择了其他更容易达到的目标。遇到困难时，满怀希望的成人倾向于把大的、模糊的问题，变成小的、确切的、可控制的问题。

（五）幸福感

幸福是一种主观体验。心理学家以个体的主观判断标准来界定幸福，认为幸福就是评价者根据自己的标准对其生活质量进行的综合评价。"主观幸福感"是指评价者根据自定的标准对其生活质量进行的整体性评估，它是衡量个人生活质量的重要综合性心理指标。个体主观幸福感的核心内容是对自己生活的总体满意感，即个人对自己的行为和整个生活质量是满意的，而且这种满意感是全面、深刻、稳定、长久的。另外，幸福虽然是主观的感受，但并不是主观感觉，幸福不是想出来的，而是做出来的，是在做事情过程中产生出来的积极情感与认知。

主观幸福感包括三个特性：首先是主观性。主观性存在于每个人自我的经验之中，对自己是否幸福的评价主要依赖个体自己定的标准，而不依赖他人或外界的标准，人们可能具有同等程度的幸福，但它们的实际标准却是不一样的。其次是稳定性。个体的主观幸福感是一个相对稳定的值，具有跨情景的一致性，反映的是个体长期而非短期情感状况和生活满意度。最后是整体性。主观幸福感不是指个体对其某一个单独的生活领域的狭隘评估，而是指个体对其生活的整体评价。例如，要了解某个人的生活满意度，并不是仅仅询问其对工作或家庭等某个方面是否满意，而是要了解他对生活总体的满意度。总之，主观幸福感是个人所具有的一种独特的心理状态，是一个人积极体验的核心，同时也是其生活的最高目标。

1. 幸福感的理论

（1）比较理论。比较理论认为，一个人感到幸福与否，是通过将现实的境遇同某一标准进行比较、判断而得到的结果。这一标准可以是内在的，也可以是外在的。当现实条件优于标准时，主观幸福感则高；反之，当标准优于现实条件时，主观幸福感则低。这一理论实际上包含了三个子理论：社会比较理论、适应理论、自我理论。

第一，社会比较理论指的是个体从能力、感觉、观点、境况等方面将自己与他人进行比较的过程，这是一种横向的比较，当比较结果显示自己优于别人，那么就能体会到幸福感；当比较结果显示自己不如别人，那么幸福感就会比较低。通常，幸福感强的人喜欢做向下的比较，乐观的人更愿意关注不如自己的人的数量；反之，幸福感不强的人既会向下比较也会向上比较，悲观者更愿意关注比自己强的人的数量。

第二，适应理论指的是相同个体在不同时间内的比较，是一种纵向的比较。它不同于社会比较中自己与他人相比，适应理论就是自己和自己的纵向比较。如果一个人感觉自己现在的生活比过去要好，那么幸福感就会比较强；如果感觉现在的生活不如过去，那么幸福感就会降低。这样的情况在生活中是十分常见的，因为，过去的生活已经成为将来生活的参照标准，被个体用来判断现在生活和过去生活的优劣。一般而言，当事件第一次出现时，能够使人产生明显的幸福感与不幸感，但是随着事情的反复出现，它激发主体情感的能力就会逐渐下降。

人们可以逐渐适应好的环境，不再感到幸福，就像身在福中不知福；但反过来，人们也可以逐渐适应坏的环境，不再感到不幸。这时，只有事件发生了改变才能再一次使人产生情感变化。但人通常具有比较强的适应能力，以至于往往觉察不到事件对自身的影响，这就可以理解生活事件对主观的幸福感影响较小了。

第三，自我理论可以看作是适应理论的分支。心理学上将"自我"划分为"理想自我"和"现实自我"两部分，而这个比较的标准是"理想自我"。当个体认为现实自我要优于理想自我时，幸福感就会提升；反之，当个体认为现实自我与理想自我相差甚远时，就会产生不良情绪，幸福感会大大降低。例如，理想中的自我是一个有修养、收入高、人际关系良好的人，如果现实果真如此，"我"就会感到很幸福；而若现实与此有很大差距，"我"就会感到失败、沮丧。

（2）目标理论。目标能够对人的情绪、主观愿望产生影响，它是情感系统重要的参照标准。目标理论认为，生活目标与主观幸福感的各个组成部分是有关联的。目标是否达成，追求目标的策略是否成功，会对个体的自我和生活满意度产生明显的影响。因此，主观幸福感是依赖于生活目标的。目标必须与人的内在动机或需要相适宜，才能提高主观幸福感。缺少目标、目标之间的矛盾和冲突、指向目标的活动受干扰则会产生负面情感，从而降低个体的主观幸福感。个体实现具有内在价值的目标（如利他性）比实现外在的目标（如资金、地位等）更能激起人的幸福感。

（3）活动理论。活动理论认为，主观幸福感产生的来源是个体活动本身，而并不是目标的实现。例如，足球运动中，所有运动员在比赛中相互协作、互相支持，为进球而欢呼，为失球而遗憾，其间，每个人都体验到了参与足球运动所带来的快乐，而比赛的结果已经不是最为人关心的了。幸福感是来自于有价值的活动本身的，在人们投入某项活动中时，个人、行动和意识相交融，注意力高度集中，甚至感觉不到时间的流逝，这种物我两忘的境界会使人经历一种难以言喻的喜悦。这种理论与幸福在追求的过程中的说法接近。

2. 幸福感的影响

幸福是一个人积极体验的核心，同时也是其生活的最高目标。幸福的核心内容是对自己的总体满意感，这种满意感是全面且深刻、稳定而长久的，所以对身心健康具有较大影响，幸福虽然是主观的感受，但它是行动产生的积极情感和认知，幸福在于在做正确的事情的过程中实现了自我潜能，获得了安全感、幸福感以及个人成长。同时，幸福有别于快乐，是一种比快乐更加高级和复杂的情感，快乐是即时的，与正面刺激有关的身体反应。

在心理学理论中，当人类认识到需要满足自我及实现理想时会产生一种情绪状态，这种状态就被称为幸福，幸福是由需要、认知、情感等内在心理因素和外部因素通过交互作用而形成的，它是一种多层次且复杂的心理状态和整体性评估。幸福是人们按照自己的标准对生活进行的评价，也是衡量生活质量的重要心理指标。

人的主观幸福感能够影响个体的免疫系统，从而进一步影响到身体健康。主观幸福感强的人要比缺乏主观幸福感的人的免疫系统工作更为有效。笑可以促进积极情绪的产生，提升免疫系统功能，而这种改善是通过积极情绪的主观体验来调节的，主观幸福感产生的积极情绪能够促进健康。幸福是一种主观体验。人一旦明白生活的意义就产生了幸福感。

（六）感恩

感恩是积极心理学的重要特质，它指的是个人对于他人、自然或者社会对自己给予过的帮助或者产生过的积极作用等的认可，并愿意予以真诚回报的情感体验和行为倾向。

感恩能够使人产生一种力量和信念，这种力量会成为自己不断前进的动力，同时，这种力量也能感动和改变周围人，使助人行为成为一种精神在人群中传递。当一个人怀有善念和感恩之心时，会表现出更多的正面情绪，也会受到更多人的欢迎。感恩的力量在积极心理学中一直是被重点研究与提倡的。感恩是一种生活态度和一种行为习惯。感恩是教养的产物，不是所有人都具有的，感恩需要养成式学习，学会感恩是人性的极高境界。感恩不能只是埋藏在内心深处，需要习惯于把自己的感激之情用言语、行动表现出来，让曾经给予关心和帮助的人感受到谢意。

可以从两个独立存在的维度来看待积极的人格特征：正性的利己特征和与他人的积极关系。感恩本身不仅具有正性的利己特征，还有利于与他人建立积极的人际关系。感恩主要包括以下方面的意义：

第一，感恩有助于个体人格的完善和心理健康。一个人格完整、心理健康的人，会感受到来自社会的关爱，也必定会对社会心存感激，并以实际行动来报答他人和社会的恩情。培养感恩品质有助于人格的完善，有助于唤起人的感恩心和感恩情，用感恩心来融化人们的内心，培养与人为善、助人为乐的品德，用感恩情不断地激励人们培养诸如温暖、自信、坚定、善良这些美好的处世品格。

培养感恩意识能够使大学生在正视个人价值的情况下，即使在逆境中也能考虑到他人，变得性格更豁达，心胸更开阔，不会为了一些小事情而生仇、记仇甚至报仇。有感恩心的人会对周围的人和事充满感激之情，会以更积极的态度面对生活，形成我为人人、人人为我的良好社会风气，许多不健康的心理问题也会迎刃而解。

第二，感恩帮助人们确立社会责任感。学会感恩的人才能不断内省内察，体谅父母的辛苦和他人的善意，才能体会个体的成长离不开他人的帮助、离不开社会的关怀，也才能体会社会的恩惠和大自然的恩赐，才能自觉服务社会、建设社会，树立起维护社会形象和建设社会的社会责任感，从而更有人情味，营造良好的社会氛围。

感恩是一种美德，体现着真善美的特点，是人文素质的重要组成部分。懂得感恩的人，也是有道德、讲诚信的人，通常都有着被人尊重与信任的特点，在为人处世方面合理而得体，在社会中广受欢迎。在工作中更加胜任某些工作岗位，因获得更多的锻炼机会而迅速成长，从而不断提升自身的社会适应能力。可见，感恩之心能够帮助人迅速融入社会，获得更多的社会资源，在自己需要帮助的时候，这些社会资源都将成为社会支持的重要来源。

第三，感恩有利于构建良好的人际关系，促进社会的和谐发展。对他人的帮助与关心心存感恩，领悟人与人之间关爱的真谛，可以培养人们良好的人际关系素质，与他人和谐相处。一个人为他人做了善事，得到他人的感激和尊重，这种感激和尊重会促进人际关系的良性发展，增强人与人的感情交流，形成一个和谐而令人愉悦的环境。

（七）积极人际关系

一个人的幸福和快乐离不开人际关系的影响，痛苦和不幸往往也离不开人际关系的影响。在人的所有经历中，无论是痛苦的、快乐的、悲哀的还是幸福的，无不与人际关系相关。

人际关系是人们在社会生活中，通过相互认知、情感互动和交往行为所形成和发展起来的人与人之间的相互关系，是人与人之间通过交往、相互作用而形成的直接的心理关系或心理上的距离，它反映了个人与群体寻求满足需要的心理状态。人际关系是在人与人之间发生社会性交往和协同活动的条件下产生的，会对个体的心理和行为产生深远的影响。

人际关系的变化和发展，决定于交往双方在交往过程中物质和精神的需要能否得到满足。因此，人际关系反映的是人与人之间的心理距离。良好的人际关系，尤其是父母与子女等关键的人际关系的融洽，是人生幸福的最重要的决定因素之一。积极的人际关系的意义，主要包括以下方面：

第一，对社会组织的意义。首先，人际关系是培养社会组织内部"家庭式氛围"的必备条件；其次，处理和协调好人际关系是增强群体凝聚力和向心力的重要因素；最后，处理和协调人际关系也是提高工作效率、完成群体目标、实现人的价值的内在要求。

第二，对个人的意义。善于运用人际关系，有效的人际关系是获得成功的关键，主要表现在以下方面：

一是，建立并保持良好的人际关系是人的基本心理需求。人在保证了基础生存需要，获取了基本的安全需要后，就在精神方面有了更高的需求，需要人际关系，获得尊重、爱以及自我实现。而且，即便是为了基本生存，其实也需要一定的人际关系，换言之，人在满足任何一个层面的需要时都离不开人际关系。

二是，建立并保持良好的人际关系有利于个体的社会化。个体社会化指的是，人通过学习知识、技能以及特定的社会准则与规范，来获得社会有效成员资格的过程。个体社会化水平在一定程度上代表着成熟程度与能力的强弱，而良好的人际关系能力既是个体社会化的必备条件，也是完成社会化的有效途径。

三是，建立并保持良好的人际关系有利于个体的身心健康。良好的人际关系对于个性的发展和心理的健康有着很好的帮助作用，主要体现在：①代偿作用。良好的人际关系可以在一定程度上代替亲情，起到消除失落感与孤独感的作用。②稳定情绪。人在遇到烦恼的时候能够找人倾诉，在快乐的时候能与人分享，这些都能够使人获得情感上的稳定。③良好的人际关系有助于发展和深化自我意识，能使个体具有归属感与安全感，进而获得自尊心与自信心。

四是，健康的个性和良好的人际关系是息息相关的，心理越健康，人际关系越积极，越接近社会的期望。心理健康的人往往拥有有利于人际关系和建立良好人际关系的个性，他们友好、温和、真挚，信任别人也被别人信任。同样，健康的心理也来自人际关系良好的和睦家庭，这充分说明了人际关系状况会影响个性发展和身体健康。

五是，良好的人际关系有利于事业的成功，这是因为良好的人际关系能够完善人的品格，帮助个体开阔眼界，获得更多的信息交流机会和事业上的支持与帮助。

六是，人际关系是人生幸福的需要。生活是否幸福在一定程度上取决于在日常生活中与配偶、子女、父母、恋人、同事、朋友等的关系是否良好，如果与其他人保持深刻的情感联系，那么，通常会感觉到生活是幸福且具有意义的；相反，如果没有良好的人际关系，则会感到缺少目标和动力，甚至沮丧和抑郁。

总而言之，大学生应建立良好的人际关系，积极与人相处，以提升自己的生命质量，这也是人际关系心理发展的最终目标。

（八）积极行动

生命因目标明确而璀璨。人的一生中会遇到许多需要珍惜、把握的事情和机会，也会有很多不平与挫折的经历，但只要目光长远，每天向目标迈进一点，成功就会变为现实。

成功者是极少数的，原因是大多数的人没有明确的人生目标以及积极的行动。成功者并不是幻想家、冒险主义者，而是进取的现实主义者。成功者拥有积极心理，不受外界环境的干扰。成功者能够集中精神，按照计划，直至成功，显示出积极的个性素质。成功就是一个人事先树立的有价值的目标被循序渐进地变为现实的过程。

成功需要勇气，需要勤奋，驱使勤奋的动力源于自我的需要。参加的活动或从事的工作，不仅应该于己有益、让自己快乐，而且最好对他人、对社会也有帮助，即成就自己，造福他人。此外，人们寻找的快乐也需要是真实的、有意义的。金钱与快乐之间并不完全成正比，而是呈一个倒"U"字形的曲线。更多的金钱并不能给人们带来更多的快乐。沉迷于游戏，也许很快乐；极限的体验，也许会很快乐；但这些都是短暂的，缺乏真实生活的快乐。

（九）健康身体

身体是人类存在的基础。有了健康的身体，才能更加积极有效地投入学习和工作中，更加充分地享受生活的乐趣。因此，大学生需要照顾好身体，保持健康。运动不但能改善生理素质，更能改善心理素质；运动能快速减轻紧张、焦虑的感觉以及加强活力感，而且这些功效是长期性的。睡眠有舒缓作用，能帮助消除压力、改善情绪。因而坚持锻炼、充足睡眠和健康饮食习惯都会对身体和精神健康大有裨益。此外，专注力练习及冥想是减压良方。培养放松精神的技巧、冥想等活动可以令人有效得到精神及情绪上的平静。

《第二章》 大学生心理自我意识

第一节 初识大学生心理自我意识

自我意识的确立是大学生心理发展的重要标志之一，对大学生人格的形成、心理发展起着重要作用。大学阶段的自我意识是大学以前的自我意识的继续与深化，同时又与其有着质的不同。这一时期，大学生自我意识从分化、矛盾走向统一，对于人的一生都有着特别重要的意义。

自我意识是指个体对自己作为主体和客体存在的各方面的意识。自我意识是个体通过观察、分析外部活动及情境、社会比较等途径获得的，是一个多维度、多层次的心理系统。对自己感知、情感、意志等心理活动的意识，对自己与客观世界的关系，尤其是人我关系的意识，以及对自身机体状态的意识，都属于自我意识之列。

一、自我意识的形成

社会文化学派的人格心理学家埃里克森①认为，人的自我意识发展持续一生，把自我意识的形成和发展过程划分为八个阶段（见表2-1），这八个阶段的初始顺序是由遗传决定的，但是每一阶段能否顺利度过却是由环境决定的，所以，这个理论可称为自我"心理社会"发展阶段论。

---

①埃里克森（E. H. Erikson）是美国著名精神病医师，新精神分析派的代表人物。他认为，人的自我意识发展持续一生，他把自我意识的形成和发展过程划分为八个阶段，这八个阶段的顺序是由遗传决定的，但是每一阶段能否顺利度过却是由环境决定的，所以这个理论可称为心理社会阶段理论。每一个阶段都是不可忽视的。

表 2-1 埃里克森的人格发展八阶段理论表

期别	年龄	心理危机	发展顺利	发展障碍
婴儿期	0—1 岁	对人信赖——对人不信赖	对人信赖,有安全感	与人交往焦虑不安
婴儿后期	2—3 岁	活泼主动——羞愧怀疑	能自我控制,行动有信心	自我怀疑,行动畏首畏尾
幼儿期	4—5 岁	自信——退缩内疚	有目的方向,能独立进取	畏惧退缩,无自我价值感
儿童期	6—11 岁	勤奋进取——自贬自卑	具有求学、做事、待人的基本能力	缺乏生活基本能力,充满失败感
青年期	12—18 岁	自我同一——角色混乱	自我观念明确,追求方向肯定	生活缺乏目标,时感彷徨迷失
成人前期	19—25 岁	友爱亲密——孤独流离	成功的生活,奠定事业、感情基础	孤独寂寞,无法与人亲密相处
成人中期	26—60 岁	精力充沛——颓废迟滞	热爱家庭,栽培后进	自我放纵,不顾未来
成人后期	60 岁以上	完美无缺——悲观绝望	随心所欲,安享天年	悔恨旧事,徒呼负负

人的自我意识必须经历这八个阶段,每个阶段都是不可逾越的。只有在人生发展的各阶段有效地解决出现的特殊矛盾,才可以发展出积极的人格特征,自我在人生经历中不断获得或失去力量,保证个人适应环境,健康成长,否则,就会形成消极的人格特征,形成不健全的人格。

青少年在 18 岁以前应发展自我同一性,因为,自我同一性的确立可以使青少年了解自己与周围各种事物之间的关系,既能与客观环境保持积极的平衡,又能在这种联系中发展自我,这对青少年走向社会、走向生活,经受社会的考验,都是至关重要的。大学生自我意识在大学阶段得到了迅速的发展,其自我认识、自我体验、自我控制逐步协调一致。

自我意识是人类特有的,并非与生俱来,是个体后天在社会环境中与他人进行互动而慢慢形成的。"大学生自我意识是以自我价值观为核心,包括个体思想价值准则意识、社会价值实现意识、国家价值信仰意识等方面内容,不同高校学生主体根据自身的思维意识认知、学习状况,在思想政治教材内容、主流价值观念的指导下,进行自我主体存在、思想政治与社会价值实现的学习领悟"①。通常而言，大学生主要通过以下四个方面形成对自己的认识：

第一，他人的反馈。一般而言，别人能够对自己的能力、性格等给出较为清晰的反馈，从他人的评价中，人们可以加强对自身的了解。例如，当老师告诉学生要更加主动、更加勤奋时，学生就可以从中知晓，自己的勤奋度和主动性不足。特别是当不止一个人都表达相同的观点时，这种观点就会被人们相信，认为自己就是这样的。因此，激励格外重要。

第二，反射性评价。在实际生活中，与自己生活关系并不紧密的人有时无法给出明确的反馈，但人们仍然可以通过对方的态度和反应来了解自己。"镜中我"理论指出，自己感知自身和别人感知自己是一样的，镜子中的"我"和别人眼中的"我"都是感知的"象"。常常以别人的观点为依据来看待自己的过程被称为反射性评价。

第三，自身行为的判断。自我知觉理论指当内部线索比较模糊或微弱的情况下，人们会根据外在行为推断自身。例如，学生参加学雷锋、植树等公益事业时，就会认为自身高尚。但是在大多数时候，人们了解自身的依据仍然是情绪、想法等内部线索，并且外部行为容易受到压力影响也更易伪装。因此，内部线索比外在行为更准确。

第四，社会比较。社会比较理论指由于人们非常渴望准确地认识自我，在没有明确的标准时，常常会将他人作为比较的标准。大学是一个人人生中十分重要的发展阶段，大学生的人生目标、生活态度、价值观念等都处在形成过程中，社会比较为大学生认识、了解和发展自我提供了重要标尺，同时也是个体认识自我的重要途径。社会比较能够使自我得到优化，然而，自我比较也并非都是积极的，分为上行、下行和平行三种比较，个体具有不同的目的和动机时，所采用的社会比较策略也不同。

二、自我意识的发展阶段

大学生自我意识发展主要经历了以下三个阶段。

第一，自我意识分化阶段。青年期自我意识的发展是从明显的自我意识分化开始的。原来完整笼统的"我"被打破了，出现了两个"我"，即：主观的我（I）和客观的我（me），大学生既是观察者又是被观察者。伴随着主我和客我的分化，"理想我"与"现实我"也开始分化，此时的大学生开始主动、迅速地关注自己的内心世界和行为，产生新的认识和体验，同时，由此引起情绪增多，要求有属于自己的空间，渴望被理解。

---

① 胡艳敏. 当代大学生自我意识的迷失与教育引导［J］. 黑河学院学报，2021（10）：46.

第二，自我意识冲突阶段。由于自我意识分化的出现，大学生开始意识到自己以前不曾注意的许多有关"我"的问题，主体我与客体我的矛盾，理想我与现实我的距离加剧了自我冲突，使得自我不能统一、自我形象不能确立、自我概念不能形成，因此表现出明显的内心冲突，甚至有很大的内心痛苦和激烈的不安感。此期表现为他们对自我的评价往往是矛盾的，对自我的态度常常是被动的，对自我的控制是不果断的。

第三，自我意识统一阶段。自我意识分化、矛盾带来的痛苦不断促使大学生寻求方法以求得自我意识的统一，即达到自我同一性。自我同一性，是指主体我和客观我的统一，理想我与现实我的统一，也表现为自我认识、自我体验、自我监督的和谐统一。自我意识的矛盾冲突，会给大学生带来不安或心理痛苦。在自我意识的矛盾冲突中，大学生的自我意识也在不断调整、发展。在自我意识的不断调整、发展的过程中，他们极易寻求新的支点，寻找自我意识的统一点，整合自我意识。由于自我意识具有复杂性与多维性，大学生逐渐在多维度中审视自我、调整自我，向理想自我靠近。这也是我们常说的自我同一性的确立。从多维度观察的自我同一性越高，大学生自我意识的发展越好，人格越完善。

三、自我意识的基本内容

一般而言，自我意识包括以下三个方面内容：

第一，个体对自身生理状态的认识和体验。指对自己身高、体重、性别等的认识以及对生理病痛、劳累疲乏等的感受。如果对自己的生理自我不能接纳，如嫌自己不漂亮、身材差、皮肤黑等，就会产生自卑心理，缺乏自信。

第二，个体对自身心理状态的认识和体验。指对自己知识、能力、气质等的认识和体验。如果一个人对自己的心理自我评价低，如嫌自己能力差、自制力差等，就会否定自己。

第三，个体对自己与周围关系的认识与体验。指对自己在群体中的地位、作用以及自己和他人相互关系的认识、评价和体验。如果认为周围的人不喜欢自己，会感到很孤独、寂寞。

影响个体自我意识的因素除了与人的自我态度、成长经历、生活环境有关以外，他人评价，特别是生命中重要人物如家人、老师、朋友等的态度和评价，会对自我意识的发展产生重要影响。

四、自我意识的多角度分类

自我意识多角度分类，一般从以下方面进行分类：

（一）结构要素分类

第一，认知自我。认知自我包括自我感觉、自我观察、自我概念、自我分析与评价等。例如，"我的脾气很温和"，属于认知自我的内容。

第二，情绪自我。情绪自我包括自尊、自爱、自信、责任感、义务感、优越感等。例如，感到很有自信，因为自己较有能力。

第三，意志自我。意志自我包括自主、自立、自制、自律等，主要表现为个体对自己行为表现的调节以及个体对待他人和自我态度的调节。例如，"我怎样才能成为一个更有自信的人"。

（二）内容分类

第一，物质自我。物质自我是个体对自己身体、衣着、金钱等所有物质方面的一种意识。其中，身体包括性别、体形、健康状况等生理方面的意识，如能够认识到自己是个高个子或体质较好。

第二，社会自我。社会自我是指个体对自己在一定的社会关系、人际关系中的角色、地位、名望等方面的认识，主要表现为在行为上追求个人的名誉、地位以及和他人进行激烈竞争等。

第三，精神自我。精神自我是指个体对自己的心理活动包括心理过程和个性心理特征的意识，主要是对自己个性特征的意识，包括对自己的性格、能力和信念以及行为、习惯等的意识。例如，觉得自己比较温和。

（三）观念分类

第一，现实自我。现实自我是指个体从自己的立场和观点出发，对自己目前的实际状况的评价和看法。例如，认为自己是个大学生。

第二，投射自我。投射自我是指个体想象他人对自己的评价和看法。例如，认为自己的能力很强。

第三，理想自我。理想自我是指个体要实现的比较完善的一种自我境界或形象，是个人追求的目标。例如，大学毕业后想当名科学家。

（四）作用分类

第一，积极的自我意识。例如，自信心、一定的责任感和义务感等都属于积极的自我意识。

第二，消极的自我意识。例如，自卑、自我否定、缺乏自制力等属于消极的自我意识。

此外，自我意识还可分为自我认识、自我辨析、自我监督和自我控制等方面。健康的自我意识首先应当是积极的自我意识，而健全的自我意识主要表现为认知自我、情绪自我、社会自我和精神自我的协调与统一，表现为现实自我与理想自我的协调与统一，投射自我与他人对自己的实际评价和看法相一致。

五、自我意识的结构

自我可以分成两个方面：即作为客体的自我（经验的自我）和作为主体的自我（纯粹的自我）。自我意识就是指人们对自我的认识以及对自己和周围人关系的认识。

自我意识的结构可以分为认知、情绪情感和意志这三个层次，它由自我认知、自我体验和自我调节（自我控制）三个子系统构成。因此，自我意识也被称为自我调节系统。

第一，自我认知。自我认知是自我意识中的认知成分，也是首要成分，它包括自我感觉、自我概念、自我观察、自我分析和自我评价，它是自我调节控制的心理基础。在自我观察的基础上反思自身，就形成了自我分析。对自己的能力、品德和行为等进行社会价值评估就是自我评价，是一个人自我认知水平最重要的体现。

第二，自我体验。自我体验是自我意识中的情感表现，其具体内容包括自尊心与自信心。自尊心指的是个体在社会中获得的与自我价值有关的积极体验与评价；自信心指的是个体对于自己能否承担并胜任任务而产生的自我体验。自尊心和自信心与自我评价具有十分紧密的联系。

第三，自我调节。自我调节是自我意识中的意志成分，主要体现在个体对自身行为、活动与态度的调控上，其具体内容包括自我检查、自我监督和自我控制等。自我检查指的是主体将自己的实际活动结果与活动前预设的目的进行比较的过程；自我监督指的是主体以内在行为准则或良心为标准，对自己的言语行为进行监督的过程；自我控制指的是主体主动对自身的心理与行为进行掌握的过程。自我调节直接作用于个体行为，是个体自我教育与发展的重要机制，同时，也是自我意识能动性质的表现。自我意识调节的具体内容表现在：启动或制止行为、心理过程的加速或减速、心理活动的转移、动机的协调、积极性的加强或减弱以及根据计划对行动进行监督检查等。

人不是一生下来就具有自我意识的，它是在个体成长与发展中逐步形成的。首先，人会建立对他人和外部世界的认识，然后才开始认识自己。自我意识正是通过与他人的交往，根据他人对自己的看法和评价逐步形成的，这种认识自我的过程将伴随人的一生。"积极的自我同一性不是张扬的而是自然而然的、发自内心而不用借助言语的承诺或外在的东西为自己增加暗示力量的心境或者情绪，也是高自尊的表现"①。

六、自我意识的类型

由于每个大学生在个人的社会背景、生活经验、目标追求等方面存在差异，大学生自我意识分化、矛盾、统一的途径不同，自我意识整合的结果与类型也不同。从自我意识的性质看，大学生自我意识的统一的结果主要表现在以下方面：

（一）自我肯定型

自我肯定，即对自我的认识比较清晰、理性、客观。自我肯定这种积极自我的特点是在经过痛苦的选择与调整之后，大学生逐渐成长成熟，使自己的理想自我与现实自我趋于统一，而且正确的理想自我占优势；主观自我与客观自我趋于一致，达成同一性的积极自我。不仅了解自己的长处与优势，而且也了解自己的不足与劣势，既适应社会发展的需要，又有助于自身成长。自我肯定型大学生在大学生中占绝大多数。

（二）自我否定型与自我夸大型

消极的自我意识有两种情形，即自我否定和自我夸大，都是不健康的。其特点是对自我评价不正确、缺乏实现理想自我的手段。

第一，自我否定型。由于失败与挫折经历的累积效应，自我否定型的大学生对现实自我的评价较低，缺乏自信，被理想自我和现实自我的差距所困扰，时常出现无价值感、无助感。他们不但不接纳自己，而且自我拒绝、自我放弃，表现为没有活力、没有生活目标。理想自我与现实自我无法对接，其结果则是更加自卑，从而失去进取的动力。

第二，自我夸大型。自我夸大型的大学生对自我评价非常高，脱离客观实际，虚假的理想自我占优势，常以理想自我代替现实自我，自尊心盲目，虚荣心强，心理防御意识强。在行为表现上缺乏理智、自吹自擂、自我陶醉，却不去为实现自我做出努力，因此，在学业、友谊和爱情上易于招致失败。虽然大学生中这种类型的人较少，但是个别严重的大学生可能用违反社会道德规范或违法犯罪的手段来谋求自我意识的统一。

①毕红艳，赵倩. 积极心理健康教育［M］. 郑州：河南科学技术出版社，2017.

（三）自我萎缩型与自我矛盾型

自我意识难以统一，主要表现为自我认知或高或低，自我评价动摇不定，自我体验或好或坏，自我调控时强时弱；各类自我难以协调整合；心理发展非常不稳定、不平衡，有时自信而成熟，有时又自卑而幼稚，令人难以把握。其主要表现为自我萎缩和自我矛盾。

第一，自我萎缩型。自我萎缩型的大学生缺乏理想自我，对现实自我深感不满，可又觉得无能为力。

第二，自我矛盾型。自我矛盾型的大学生，内心自我冲突激烈，持续时间长；理想自我和现实自我难以统一；自我认知、自我控制不稳定；缺乏"我是我"的统合感觉，而易于产生"我不是我""我不知我"的分离倾向。因此，新的自我无法统一。例如，有的大学生可能是既自信又自卑的人，有的可能是既诚实又虚伪的人。

七、自我意识的特性

经历青年时期，通过分化、整合个体的自我意识会在成年时期逐渐形成。经验积累、对人对事的态度、外界的评价和个体在社会中的角色变化、责任承担、义务履行都会影响自我意识的形成。大学生自我意识塑造和形成尤为重要，在青年时期，个体的生理和心理变化很大。例如，思维更加发散、更有想象力以及对外界更加敏感。因此，他们更加关注自己，关注自己的内心变化，渴望独立和张扬个性化发展。在青春期，个人所积累的成功或失败的生活经验影响着自我意识的形成。经历的事情越来越多，积累的经验也越来越多，通过积累成功的经验和吸取失败的教训，对自己正确的做法加以肯定，改正自己的错误，最终形成自我意识。外界的正面和负面评价也影响着个体自我意识的形成。由于大学生的自我意识还没有形成，他们会更加关注外界的评价，也会根据外界的评价来衡量自身价值。

大学生主要从三个方面关注自身：第一，生理发育，大学生要有时间和精力来关注自身的身体发育情况、心理需求；第二，人际关系外延，大学生在与他人交往过程中，会与其他人比较，开始关注自己的修养品质和天分能力；第三，随着自我认知的发展，大学生更关注自己做事情的动因和结果，思考自己的人生价值。大学生自我矛盾的加剧促进了自我统一的形成，大学生自我认知的发展和明显的自我分化造成新矛盾出现，随着经历的事情越来越多，大学生会在思想和行动上统一，最终化解矛盾。大学生群体与其他同龄群体相比较，生活阅历和学习经历的特殊性使自我意识也具有独特性，具体包含以下方面，如图2-1所示。

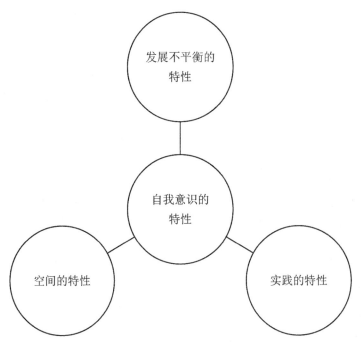

图 2-1　大学生自我意识的特性

（一）发展不平衡的特性

大学生的生理和心理状态与社会对他们的要求并不匹配，主观自我与他观自我不统一。尤其是高年级学生更为突出，高年级学生的自主意识较强，然而在工作中，他们的自我意识往往受到影响。大学生的主观自我与他观自我不一致，生理和心理状态与社会需要存在一定滞后性，这些都影响大学生自我意识的形成。导致不平衡和滞后性的原因包括：第一，大学生的人生观、价值观和世界观尚未形成，受外界的影响较大；第二，大学生的自我意识尚在发展阶段，大学生刚入学和毕业时对同一件事的观点和态度会有很大的差异，大学生在学习、生活和社会磨炼中会形成自我概念；第三，进入大学，在新的环境中面对新的同学和集体，必然会出现不平衡和滞后性。

（二）时间延缓的特性

时间具有延缓偿付期，具体指有些年轻人在生理和心理上没有做好承担社会义务的准备，他们需要一段时间，或者外界必须要给他们一段时间。因此，心理延缓偿付期，是指对成人承担义务的延缓，然而它又不仅仅是一种延缓。作为大学生，可以利用这一段时间触及各种人生、思想价值观，尝试着进行选择，经过多次尝试、反复循环，从而确定自身的人生观、价值观和职业理想，确立自我同一性，最终融入社会，进而适应社会。大学生缺乏独立性，生理上并未成熟，经济上依赖父母，未踏入社会的他们思想存在滞后性。按照年龄要求，大学生应该具备独立和自立的能力。然而，大学生主要在校园生活，导致他们在心理和思想上不具备承担社会责任和义务的能力，在时间上有延后性。时间的延后使大学生可以有更多时间思考人生、提升自身能力，并树立正确的人生观与价值观。

（三）空间转换的特性

空间的特性主要表现为空间上的"自主性"。目前，大学生学习环境的文化背景更加多元化，互联网为大学生提供了更广阔的空间、更平等的学习权利和更自由灵活的学习方式，世界文明交融互鉴影响着大学生自我意识的形成和发展。首先，大学生的家庭背景、生活方式、接受的文化以及自我价值与追求均不相同。在生活和学习中，他们相互交流、相互学习、包容互鉴，他们在每次沟通中彼此影响，有利于新自我的形成；其次，大学具有包容性，汇集了不同的文化，大学生在多种文化体系中学习和生活，必然会受到不同文化的影响，甚至会与自身建立的价值体系发生冲突。大学新生更为明显，他们从以前的文化环境进入崭新的文化环境中，通过提升思考能力和自制力重塑以前的价值观念和文化素养。

八、自我意识的影响

（一）影响个体行为的持续性与目标性

人是社会动物，人的行为既受诸多社会因素决定，又在很大程度上与自己的自我意识有着密切的联系。每个人的现实行为，并不单是由其所在的情境决定的，还与对自我的认知、自我意识有着密切的联系。那些自我意识积极的学生，其成就动机和学习投入及学习成绩也明显优于那些自我意识消极的学生。当学生认为自己声名不佳时，他们会放松对自己行为的约束。

（二）影响个体对经验的解释

不同的人可能会获得完全相同的经验，但每个人对这种经验的解释却有很大的不同。解释经验的方式决定于一个人的自我意识。一个自认为能力一般，只该获得平均成绩的学生，对于比较好的成绩会认为是取得了极大的成功，感到十分满足；而对于同样的成绩一个自认为能力优秀、应当获得出众成绩的学生，会解释为是遭到了很大的失败，并体会到极大的挫折。事实证明，当人在自我意识消极时，每一种经验都会与消极的自我评价联系在一起；但是如果自我概念是积极的，每一种经验都可能被赋予积极的含义。

（三）影响个体的期待结果

自我意识不仅影响到个体现实的行为方式和个体对过去经验的解释，而且还影响到个体对未来事情发生的期待。这是因为，个体对自己的期望是在自我意识的基础上发展起来的，并与自我意识相一致，其后继的行为也决定于自我意识的性质。研究发现，差生的成绩落后并不是孤立存在的，而是他的整个行为动力系统都出现了角色偏离的结果。成绩长期落后对于普通学生是不正常的，但对于差生，由于他们的整个行为动力系统都出现了偏离，并在偏离的状况下形成了一个新的自相一致的系统，因而在系统内部一切并没有不正常。换言之，落后的学习成绩正是差生自己"期待"的结果。

第二节　自我意识失调的种类

有时我们会发现自己很敏感，容易情绪化。有时又会发现自己很容易自卑，感到自己无能、没用。其实，这是我们的自我意识出现了矛盾和偏差。

一、自我意识的矛盾

由于心理尚未成熟，大学生自我意识的发展也不是一帆风顺的。在"矛盾—统一——新矛盾—新统一"转化发展过程中，大学生自我意识不断发展、变化。在矛盾统一的过程中，大学生自我意识的矛盾冲突主要表现在如下方面。

第一，主观的我与客观的我之间的矛盾。"主观的我"是个人对自己的认识和评价，"客观的我"是社会上其他人对自己的认识和评价。大学生远离具体的社会现实生活，大量的时间是生活在相对单纯的大学校园中，"主观的我"和"客观的我"存在着不合拍、不一致的现象。大学生根据书本对自己做出不符合实际的估价，一旦接触社会生活、现实生活中的其他人，便发现自己并不像自己想象的那样高明或低能，这种矛盾可以通过适当的社会实践来化解。

第二，现实的我与理想的我之间的矛盾。大学生是富有理想的，这种理想在头脑中的形象化即构成了大学生的理想自我，而本身的现实经历又构成了现实的自我。大学生的现实经历构成了现实的自我，在脑海中即设计出自己的完美未来（包括学习、爱情、就业），然而现实社会会阻碍"理想自我"的实现。

第三，自尊心与自卑感之间的矛盾。多数大学生有着一定的优越感和很强的自尊心，对自己的能力和未来充满信心。部分大学生会产生自卑心理，在他们内心深处，自尊心和自卑感常常处于矛盾状态。

第四，自立和依附他人的矛盾。进入大学以后，大学生的独立意识迅速发展，希望能在多方面自立，摆脱家庭和学校的约束，自主地处理自己遇到的一切问题。事实上，即使是一个独立性很强的人，也会产生依赖他人的需要。独立并不意味着独当一面，而是指个人对自己负有全部的责任。大学生不仅要分清两者的区别，还要认识到独立性的培养需要一个过程，对这一过程的认识不足和苛求都会阻碍自身的正常发展。

二、自我意识的偏差

大学生自我意识的偏差主要表现在自我意识的混乱：一种是过高的自我评价（自我意识过高）；另一种则是过低的自我评价（自我意识过低）。过高或过低的自我评价往往导致个体自我意识确立过程中的过分自负或过分自卑这两大心理缺陷，是妨碍良好自我意识形成的主要障碍。

（一）自我意识过高

自我意识过强或过高的大学生，会扩大现实的自我，形成错误不切实际的理想自我，并认为理想自我可以轻易实现。因此，极易遭受失败和内心冲突，产生严重的情感挫伤，导致苦闷、自卑、自我放弃。可能会引发过激行为。自我意识过强主要表现为过分追求完美、过度自我中心等。

1. 过度追求完美

不能客观地评价和认识自我的情况有很多种，最明显的就是对自我的苛求和追求完美。虽然追求完美是人类健康向上的本能，但过分追求完美容易引起自我适应障碍。追求完美的大学生对自己要求过高，期望自己完美无缺，却不顾自己的实际情况。此外，不能容忍自己"不完美"的表现，对自己不完美的地方过分看重，从而严重影响了自己的情绪和自信心。对自己十分苛刻，只接受自己理想中的完美的自己，不肯接纳现实中平凡的自我。使其对自我的认识和适应更加困难。产生这种现象的原因有未真正了解自己、过分受他人期望的影响等。改善过度追求完美的状态，要做到以下方面：

（1）确立正确的观念。人不能十全十美，每个人都有优缺点。一个人应该接纳自己，包括自己的不足，同时肯定自己的价值，不自以为是，也不妄自菲薄。

（2）确立合理的评价参照体系和立足点，以弱者为参照会自大；以强者为标准会自卑。因而，人应该选择合适的标准，更重要的是以自己为标准，按照自己的条件评定自己的价值。

（3）目标合理恰当。在充分了解自己的基础上确定恰当的目标和追求，目标符合自己的实际能力，不苛求自己，不被别人的要求左右。个体越能独立于周围人的期望，自我意识的独立性就越强，所遭遇的冲突也越少。对大学生而言必须明确自己的期望，以及这种期望是来自自我本身的能力和需要，还是从满足他人的期望出发。只有明确这一点，才可能真正地认清自己，规划自己的发展方向，最终确立独立的自我。

2. 过度自我接纳

自我接纳是指自己认可自己、肯定自己的价值，对自己的才能和短处都能客观评价、坦然接受，不会过多地抱怨和谴责自己。对自我的接受是心理健康的表现。过度自我接纳的人是有点自我扩张的人，高估自我，对自己的肯定评价过高。过度自我接受的人容易产生盲目乐观情绪，自以为是，不易处理好人际关系；而且过高评价滋生骄傲，对自己提出过高要求，会因为承担无法完成的任务、义务而导致失败。

3. 过度自我中心

随着自我意识的发展，大学生感到自己内心世界的千变万化，逐渐把关注的重心投向自我，尤其是那些有较强自信心、自尊心的学生更容易产生自我中心倾向。当这种倾向与一些不健康的思想意识（如个人主义）和心理特征（如过强的自尊心）结合时，就会表现出过分的、扭曲的自我中心。过度自我中心的人以自我为核心，不能设身处地地进行客观思考，反而不允许别人批评。克服过度自我中心的途径包括以下方面：

（1）确立健康的人生观，自觉地将自己和他人集体结合起来。

（2）恰当地评价自己，既不低估也不高估，既不妄自菲薄，也不自高自大。

（3）尊重他人，只有尊重和信任才能获得友谊。

（4）设身处地地从他人的角度思考问题，将心比心，真诚地关爱他人。

（二）自我意识过弱

自我意识过弱的大学生在把理想我和现实我进行比较时，对理想我期望较高，又无法达到，对现实我不满意，又无法改进。在心理上的一个特征就是自我排斥，会产生否定自己、拒绝接纳自我的心理倾向。心理体验常伴随较多的自卑感、自信心丧失的情绪消沉、抑郁等现象，尤其是面对新的环境、挫折和重大生活事件时，会产生过激行为。自我意识过弱主要表现为极度的自卑。自卑是个体由于某种生理或心理上的缺陷或其他原因而引起的一种消极情绪体验。表现为对自己的能力或品质评价过低，因而产生消极心理。自我意识过弱这种心理状态很容易使青年学生产生孤独压抑的情感，给自己的情绪和学习带来严重的影响，从而对前途失去信心。

在大学里，人与人之间竞争是无法避免的。而且，如果用外在条件相比，很少有人永远是强者。但部分同学过度自卑，因自卑而心虚胆怯，凡有挑战性的场合即逃避退缩，或对自己的所作所为过分夸张，其结果捍卫的是不健康的自我。改变过度自卑的方法，主要有以下方面：

第一，对其危害要有清醒的认识，并且有勇气改变自己。

第二，客观、正确、自觉地认识自己，无条件接受自己，欣赏自己所长，接纳自己所短，做到扬长避短。

第三，正确地表现自己，对自己的经验持开放态度。

第四，根据经验，调整对自己的期望，确立合适的抱负水平，区分长期目标和近期目标，区分潜能和现在表现。

第五，对外界影响保持相对独立，正确对待得失，勇于坚持正确的东西、改正错误。

总而言之，大学生自我意识发展过程中出现的失误、偏差是心理还不成熟的表现，这是由其身心发展状况和成长背景决定的，并不是某个人的缺点，而是所有大学生或多或少都要亲身经历的，是整个年龄阶段的特征。因而是普通的，但也是必须调整的。只有认识到这一点，才能去争取解决它。

第三节　自我意识的合理确立

自我意识在人格形成和人格结构中占有非常重要的地位，人的认知、情感、意志等都受到自我意识的影响。健全的自我意识是心理健康的具体反映。塑造健全的自我意识可以从以下方面入手。

一、正确认识自我的途径

对自我有全面、恰当的认识和评价，就能根据自己的实际情况，选择相应的目标位置努力奋斗。正确认识自我是确立健全自我意识的基础。正确认识自我要做到对自己有深刻的了解，并能对自己进行客观的评价。

可以从我与人的关系中来认识自我，从我与事的关系中来认识自我，从我与己的关系中来认识自我。自我认识的具体途径包括他人评价法、比较法、经验法和内省法。

第一，他人评价法。通过与他人的交往，从他人对自己的态度和评价中认识自己。要以恰当的态度对待他人的评价。重视对自己比较熟悉和了解的人的评价（如家人、朋友等），要特别重视比较一致性的评价。部分学生偏重别人对自己的负面评价，从而忽略了对自己的正面评价，这是自卑的人。而部分学生听不进别人的批评意见，因此很难进步成长，完善自己。

第二，比较法。自我认识可以通过与他人的比较来实现。他人是反映自己的一面镜子，在比较中可以认清自己的优势和不足，扬长避短。同时，要注意比较的艺术。选择与自己条件相似的人进行比较，学习他人的优点和长处，这样会有激励作用。与相差太多的人比较，对自我的改善没有太大的帮助。比较的是学习能力、工作能力、意志行为等，通过自身努力是可以不断提高和完善的，而家庭背景、生活条件等在很大程度上并不取决于大学生自身，在短期内也难以改变，不必过分在意。与人比较还要从相对标准而不是绝对标准的角度看问题。

第三，经验法。通过自己参加各种活动时的动机、表现以及取得的效果和成果来分析认识自己。活动成果的价值有时能直接标志自身的价值，社会衡量一个人的价值主要是通过活动成果认定的。一次的成果会增加自己的自信心，失败也可能让自己怀疑自己的能力。大学生具有各种潜在的天赋和能力，积极参加多方面的实践活动和社会交往，才有机会发现和发展自己的天赋和才能。

第四，内省法。个人自己的观察和思考是自我认识的一个重要方面。他人对自我的评价不等于自己对自身的评价。内省指通过反省自己，分析自己来进行自我认识。反省并不仅指觉察自己做得不好的地方，重点是对自己的言行思想保持感知，鼓励自己做得好的方面，对于做得不够的地方，努力完善自己。自己观察和分析自己，难免会因为自己的情绪和思想等而影响到对自己全面客观的评价。

在进行自我认识和自我评价的时候，要从多条途径收集信息，要讲究评价的艺术。评价应就事论事，有发展的眼光；不把与别人相比较或别人的态度作为唯一衡量标准；不把成就和成绩作为衡量自己价值的唯一尺度。另外，在通过比较而评价自我时，要注意区分纵向比较和横向比较。通常的比较是指与他人进行比较。要注重的是自己与自己比较，自己的今天与昨天比较，即纵向比较。

二、积极悦纳自我的策略

悦纳自我就是喜欢自己、接受自己。首先，要喜欢自己，对自己有价值感、愉快感和满足感；其次，无条件地接受自己的一切，欣赏自己的优点，接纳自己的缺点和限制，平静而理智地看待自己的长处和短处，冷静地对待自己的得与失；最后，不以虚幻的自我来补偿内心的空虚，不以消极回避漠视自己的现实，不以怨恨、自责或厌恶来否定自己。悦纳自我尤其要注意的是不能只看到短处而否定自己。

在现实生活中，我们会发现有些大学生可以喜欢朋友，喜欢知识，喜欢自然，却不愿意喜欢自己，不能真正地尊重自己、爱惜自己。以下策略可以帮助大学生做到自我悦纳：

第一，检查自我期望。自我期望促使我们努力让自己变得更好，自我期望的合理性如何会对自我发展和自我实现有影响。期望是为了追求完美，期望来自同伴压力，会成为自我发展的负担和阻力。恰当的自我期望，经过一定的努力，能够实现，会增进自信心，是自我激励的动力。

第二，不过度自我批评。自我批评是必要的，在传统文化中强调通过批评和自我批评来改善自我，过度的自我批评就是对自己的苛求，可能养成自我否定的习惯。要学习适当地自我表扬。在自己进步时，及时地表扬自己，对自我鼓励。

第三，寻求有效的补偿。每个人都不是完美的，并不需要彻底地改造自己。性格上的优点与缺点是矛盾统一的。要注意制约自己，尽力让自己性格上的弱点对自己和他人产生较小的不良影响。对于自己的短处和弱点，在认真分析自我的基础上做有效的补偿，发挥自己的长处来增强自信心和自我价值感，并从环境中寻找对自己成长有利的条件，让自己有效地利用资源发掘自己的潜能。

三、有效控制自我的途径

有效控制自我是大学生健全自我意识、完善自我的根本途径。可以从以下两个方面来尝试有效地进行自我控制。

第一，确立合乎自身实际情况的抱负水平，确立适宜的理想自我。大学生对自我抱有很高的期望，希望实现自己的理想。面对现实，确定自己具体的奋斗目标，逐步加以实现。关键是每个目标都应是适当合理的，是经过努力可以达到的，以免失去信心。

第二，从积极乐观的角度看问题。在生活中，从积极乐观的角度去看问题，努力解决问题，对自己的生活更有控制感。反之，从消极悲观的角度看问题，可能很快放弃希望和努力，放弃成功的可能性。例如，我的智商没有别人高，从而使这个不可能显得理所当然，也就不会采取积极有效的行动，最终的结果肯定是这件事真的成了不可能了。培养积极乐观的态度需要长期不懈的学习。

《第三章》 大学生情绪管理

第一节　情绪的本质及其产生

一、情绪的本质

情绪是人对客观事物是否符合自己的需要而产生的一种体验。需要是情绪产生的基础和源泉。通常情况下，如果需要得到了满足，人们就会相应产生愉快、欢乐等积极情绪，引起他们肯定性的情绪体验。相反，当人的需要得不到满足时，人就会产生背向于这些事物的态度，从而产生烦恼、忧伤等消极情绪。按照情绪发生的强度和持续时间的长短，可将人的情绪划分为心境、激情、应激等情绪状态。

心境是一种比较微弱而持久的情绪状态。这种情绪爆发的程度微弱，带有弥散性，当一个人处于某种心境时，会同时使周围的事物都染上同样的情绪色彩。积极的心境使人振奋乐观，消极心境使人颓丧悲观。

激情是一种持续时间短，表现剧烈，失去自我控制力的情绪状态，其特点是短暂性、爆发性。积极激情能激发人积极向上；消极激情会导致认识活动的范畴缩小，理智分析能力受抑制，自我控制能力减弱，就会做出一些破坏性的事情。

应激是指一种出乎意料的紧迫情况所引起的急速而高度紧张的情绪状态。表现为积极和消极两种状态，积极状态时，头脑清醒，做出平时不能做出的动作，从而及时摆脱困境；消极状态就是目瞪口呆，出现不必要的动作。

大学生正处在青年期，具有青年人共有的情绪和情感特征，情感丰富、复杂、不稳定。青年人对人、事、社会现象十分敏感、关注，对友谊、美、爱情、正义等的追求十分执着，爱思考、辩论，甚至以行动来维护心目中的真善美；他们的情感体验深刻、强烈，感情容易外露，喜怒哀乐常形于外，在外界刺激下容易冲动、凭感情用事，过后又懊悔不已；情绪起伏波动较大，呈两极趋势，有时兴奋激动，有时消沉忧郁。此外，大学生群体由于其独特的社会地位、知识水平、心理发展特点及生理状况，使他们的情绪和情感具有鲜明的特点。

二、情绪的特点

（一）稳定性与波动性

大学生普遍具有较高的智力水平和知识素养，加上社会和自我的高要求、高期望，因而在日常生活和活动中，具有一定的自我控制情绪的能力，一般能用理智约束冲动，对不良情绪进行自我调适，从总体上来看，大学生的情绪和情感是比较稳定的。大学生的情绪和情感仍有不稳定因素存在，突出表现在情绪和情感经常在两极之间起伏：时而平静，时而激动；时而积极，时而消极；时而外显，时而内隐，呈现出波动性的特征，这种波动性是由大学生在生理、心理和社会性三方面发展的特点决定的。

大学生的生理发展已经成熟，由于性成熟和性激素分泌旺盛，大脑皮质和皮层下中枢之间出现暂时的不平衡，易产生情绪波动。此外，就人体生物节律而言，人的体力、情绪和智力都有周期性和波动性的变化，处在高潮期时，人感到体力充沛、思维敏捷；处在低潮期时则正好相反，人会觉得疲劳乏力、思维迟钝。大学生的心理发展正处于由不成熟向成熟过渡的时期，容易产生各种内心矛盾和冲突，如独立与依赖、理想与现实、闭锁与开放等，这些内心矛盾和冲突常会打破大学生的心理平衡状态，引起情绪和情感的波动起伏。大学生的社会性发展尚未成熟，虽然他们对社会现象和政治事务极为敏感、活跃，但是人生观的不稳定、认识上的不成熟往往使他们不能对社会现实和现象进行全面分析，容易以偏概全地加以肯定或否定，尤其在遇到困难和挫折时，更容易跌到悲观失望的谷底，难以自拔。

总而言之，由于大学生自身在生理、心理和社会性发展上的不平衡，他们的情绪和情感呈现出忽高忽低、复杂多变的状态，并与稳定性共存，形成稳中有动的特点。

（二）丰富性与复杂性

大学生的情绪和情感丰富复杂，表现形式多种多样。无论在日常生活、学习、交往中，还是从事社会活动时，无不带有浓厚的感情色彩。大学生在自我情感体验方面敏感丰富，注重独立感、自尊心、自信心和好胜心；在学习活动中有强烈的求知欲、好奇心，热爱科学和真理；大学生对祖国、社会和集体有着深厚的情感，有强烈的民族自豪感和自尊感，有责任感和义务感，喜恶分明，正义感鲜明；大学生对纯洁的友谊和爱情十分向往，还积极在发现美、欣赏美、创造美的活动中体验到美的感受等。这些丰富的情感在表现形式上复杂多样，呈现出外显和闭锁、克制和冲动交错的特征。通常情况下，大学生对外部刺激的反应迅速、敏感，喜怒哀乐溢于言表，内心体验和外部表现是一致的，呈现出明显的外显性特点。

然而，在一些特定场景和事件上，大学生的情绪外在表现和内心体验往往并不一致，有时会把内心真实的情绪和情感隐藏起来，显得冷淡、无所谓。当大学生感受到不友好的对待和压制时，在得不到理解和尊重的场合中，在对立紧张的情况下，会把心扉紧闭起来，不轻易表露自己的真情实感，这就是大学生情绪和情感闭锁性的特点，它与情绪的外显性是交错共存的，只要有适当的场合和理解、关心的对象，大学生就会敞开心扉，表露真实情感。大学生正处在青年期，他们精力充沛，在外界刺激下极易产生冲动性情绪和行为，尤其在感受到挑衅和敌意时，容易情绪失控，呈现出冲动性的特点。大学生对自己的情绪和行为有一定的自制力，多数情况下都能用理智克制冲动，自我约束、自我调节，因而冲动性和克制性并存。

（三）阶段性与层次性

大学生情绪和情感的发展呈现出明显的阶段性和层次性的特点。一方面，随着年龄的增长、知识的积累和阅历的增加，不同年级阶段的大学生各有特点；另一方面，同一年级的大学生由于成绩、能力等方面的差异，又表现出不同层次的情绪和情感特点，二者交织共存。

1. 不同阶段的情绪情感特点

（1）刚刚步入大学校园的一年级新生，心中涌动着成为一名大学生的自豪感，对校园中的一切都感到新鲜、好奇；同时，由于没有考上更好的专业和学校或在新班级中失去原有的中心位置，以及理想中的大学生活与现实的巨大落差等原因，部分大学生感到强烈的失望、迷惘和自卑。激烈的竞争、繁重的课程、不同的教学方法使大学生在短暂的轻松感后很快便感到压力和紧迫感；陌生的环境和人、生活上的不适应，使低年级大学生产生恋旧感，深深地思念父母家人和旧日同学。因此，一年级大学生的情绪和情感体现出自豪感和自卑感交织、轻松感和压力感交织、新鲜感和恋旧感交织的特点。

（2）二、三年级的大学生经过一两年的调整后，已逐渐融入大学生活和学习之中，适应性情感增强，表现为专业思想渐趋稳定，学习兴趣浓厚，求知欲强，思维活跃；对自我的认识进一步深入，独立感、自尊感和自信心得到发展。此时大学生的人际关系逐渐增多，与班级同学的感情较为密切，并建立起深厚的友谊，部分大学生还开始了对爱情的追求。中年级大学生爱好广泛，积极参加社会活动和审美活动等，社会责任感、荣誉感进一步发展并成熟，情绪和情感总体看来较为平稳。

（3）经过近四年时间的大学学习，高年级学生即将告别学校，走上工作岗位，此时他们的社会责任感明显增强，社会性情感日趋丰富，主要表现为更多地关心个人与社会的关系、思考人生价值和意义的倾向。毕业在即，高年级大学生大多面临毕业考试、论文答辩、求职择业等诸多抉择和压力，紧迫感和忧虑感十分明显，同时对母校和班级、同学产生惜别留恋之情，依依不舍。但也有个别大学生，因在学习或择业中遭到挫折，产生愤怒、焦虑、紧张情绪，学校需要对此种情况加以注意，并加以引导。

2. 不同层次的情绪情感特点

按在校学习成绩、表现及能力，可将大学生分为优秀生、中等生与后进生三个层次，以下就优秀生和后进生的情绪情感特点简单论述：优秀生的情绪和情感特点表现为独立感、自尊心和自信心较强，情绪大多积极乐观，求知欲极强，学习兴趣浓厚，能体验到获取知识和有所创造时的快乐，对班集体的责任感和荣誉感较强。后进生的情绪和情感特点表现为内心充满矛盾，一方面他们想努力学习，奋发进取，甩掉落后帽子；另一方面又常因缺乏毅力和恒心，半途而废，徘徊不前，因而内心感到苦恼自责，他们既有强烈的自卑感，又有一定的自尊心。科学认识大学生情绪和情感发展的特点，有助于准确把握他们的心理和行为，调适不良情绪，促进良好情绪和情感的培养。

三、情绪的产生

（一）情绪产生的因素

大学生不良情绪不仅会给自身造成生理和心理上的痛苦，而且也会给他人和社会带来影响。因此，分析大学生不良情绪情感产生的原因，找出健康情绪情感的特征，引导大学生自我诊断以获得心理健康就显得尤为重要。大学生不良情绪情感产生的原因错综复杂。既有内因，即个体自身方面的影响；也有外因，即客观环境的影响，具体包含以下方面：

1. 情绪的内部因素

内部因素主要是生理状况和心理因素两个方面：

（1）生理状况。个体的生理状况会对其情绪情感产生一定的影响，因为人的情绪情感活动有着广泛的大脑神经和生理、生化基础，是大脑皮质、皮质结构和内分泌等系统协同活动的结果。如果这些系统中的某一环节发生了故障，就有可能造成情绪情感障碍。人的身体是一个有机统一的系统，牵一发而动全身。身体某一器官的损伤或功能障碍，会间接或直接地引起情绪情感活动的紊乱。部分大学生有这样的体验：当体力不佳或身体有病痛时，会情绪低落、烦躁不安。大脑神经活动过程的兴奋与压抑不平衡，内抑制力差，也是情绪情感不可控的一个因素。

（2）心理因素。影响情绪情感的心理因素很复杂，个体的知识经验、能力水平、认知方式、情感成熟水平、意志品质和性格特点等都可能导致不良情绪情感。比较而言，有以下特征的人更容易陷入情绪情感困扰之中：①情绪特征，表现为不稳定、消沉等；②意志特征，表现为固执、刻板、胆小等；③自我意识特征，表现为过分自尊或自负、缺乏自信等；④社交特征，表现为孤僻、退缩等；⑤认知特征，表现为以偏概全、夸大后果、爱钻牛角尖等。

2. 情绪的外部因素

个体赖以生存和发展的环境中的一些因素会影响到人的情绪情感，这些情绪情感主要来自家庭、学校、社会三个方面。

（1）家庭中的亲情氛围、父母的教养方式等会对子女的情绪情感产生很大影响。家庭内气氛紧张、父母关系不和、教养方式不当，或过分严厉、溺爱，都可能使子女产生情绪情感困扰。

（2）学校环境中的学习压力、人际关系、校风校貌等都会影响大学生的情绪情感。例如，教育方法的单调落后、学习压力过大、人际关系紧张都可能导致大学生的不良情绪情感。社会环境中的一些因素，如经济文化条件、竞争等，都可能引发不良情绪情感产生。尤其是互联网的出现，对传统的思维方式和交友方式带来了较大的影响，促使大学生要不断地调节自己、适应环境，更好更快地发展自己，与此同时，也会使大学生产生不适应的困惑和压力，从而引起情绪情感波动。

（3）物理环境中的不良刺激，如高温、强光、辐射等，都可能影响人的情绪情感。

（二）挫折情绪的产生

挫折一般包括三个方面：①挫折情境：阻碍实现目标的各种主观、客观因素。这种情境状态既可能是实际遭遇的，也可能是想象中的。②挫折认知：对实际遭遇的或者想象中的挫折情境的认识和评价。换言之，如果在实现目标过程中，客观上有阻碍存在，但是在主观上并无知觉，也不会产生挫折感。③挫折反应：需要不能得到满足时产生的情绪和行为反应，如愤怒、焦虑等。

挫折情绪就是当目标和需要遇到无法克服或自以为无法克服的阻碍而不能实现、满足时，所产生的紧张、焦虑、失落等情绪反应。在现实生活中，每个人都面临着不同的人生课题，在解决这些人生课题的过程中，困难是存在的。在实现自己的目标的过程中，动力性行为会有三种不同的结果：一是无需特别努力即可达到的目标，此时需要很容易满足；二是遇到干扰和障碍，但经过努力或采取某种方法仍可达到的目标；三是遇到干扰和障碍使目标不能达到，此时需要不能得到满足。在心理学上把第三种情况称为挫折。

1. 挫折情绪的产生原因

任何心理挫折情绪都与其当时所处的情境有关。构成挫折情境的因素是多种多样的，主要包括主观原因和客观原因。

（1）主观原因

第一，个体生理条件。个体的生理因素如体力、外貌、健康以及某些生理缺陷带来的限制，导致其行动失败，无法实现既定目标。

第二，认知模式。任何心理问题和心理障碍都是有认知根源的，不健康的心理常常来源于不健康的认知。所知决定所感，所感决定所行，感受与行为是暴露在外的，人们很容易就能捕捉到。而认知是内隐的，它决定着人们的行为却不为人们所察觉，这也是挫折心理难以克服的重要因素之一。

第三，人格特征。一般而言，人格特征有缺陷的人倾向于对生活作悲观、消极的评价，容易产生挫折心理。例如，性格内向的大学生在人际关系中就显得很敏感，常将他人无意的一些动作误解成是对自己的排斥，进而产生抑郁、畏惧等不良情绪。严重的可能会使人产生恐惧心理，从而出现人际关系障碍。

第四，动机冲突。在现实生活中，人们有各种各样的需要，会因为多种需要而产生多个动机，分别指向多个目标。当这些并存的动机相互之间是排斥的，或者由于各种原因不能全部实现需要有所取舍的时候，就形成了动机冲突。动机冲突常导致部分需要和目标不能满足和实现，于是就造成了挫折。动机冲突也是构成挫折的个人因素的一个方面。动机冲突在我们的生活中是经常出现的，也是大学生的重要挫折源。

（2）客观原因

第一，自然环境因素。自然因素是指非人力所能及的一切客观因素，如台风、地震等。对于大学生而言，疾病、家庭遭受自然灾害导致贫困等都可能导致挫折感。

第二，学校环境因素。从高考到进入大学后的两三年中，部分大学生存在挫折感，主要涉及学习目标、政治目标（入党、评优等）及经济自主等，挫折的产生除了和学生自身因素密切相关之外，一个不可忽视的影响因素就是学校环境，主要是学习环境、学校管理制度及方式、教师的职业道德与业务能力、班级的氛围等。

第三，家庭因素。家庭的一些潜在或显性的条件，如家庭的自然结构、家庭的人际关系、家庭的教育方式、家庭的抚养方式以及家长的素质等对大学生的心理挫折都有直接或间接的影响。家庭的社会经济状况对大学生的心理有着潜在影响，贫困大学生除所有大学生面对的个人发展与就业压力外，还面临巨大的生活压力与经济压力，因为经济而影响其学业发展与个人发展会导致更多的心理冲突，从而产生挫折感。

2. 挫折情绪的产生影响因素

（1）需要和动机的强度。一般需要越迫切，动机感越强烈，受到阻碍之后的挫折感就越强。

（2）自我期望值。如果一个人的抱负水平和期望值总是高于自己的实际能力，那么，无法达到预期目标，就容易产生挫折感，主要有三种情况：①期望值绝对化。要求自己只能成功，不能失败。②过分的概括化。以偏概全，以点概面，即使是喜忧参半的事情，看到的也只是消极的一面。③悲观引申。某一方面失败，就全盘否定自己。

（3）归因不当。对于某种行为的原因进行解释，而归结出与事实不符的原因，易产生挫折感。例如，有的同学在评优等问题上没有成功，作横向比较的时候不得当，就容易心理失衡，产生挫折感。

（4）个人抱负水平的高低。抱负水平是指达到目标规定的标准。抱负水平高的人比抱负水平低的人容易产生挫折感。

（三）积极情绪的产生

"积极情绪（positive emotion）是指与个体需要的满足相联系的、伴随愉悦主观体验的情绪"[1]。积极情绪有很多种，其中最常见的积极情绪包括：喜悦、感激、宁静、兴趣、希望、自豪、笑（逗趣）、激励、敬佩和爱。每种积极情绪的来源各不相同，具体如下：

第一，喜悦。生活中最常见的积极情绪是喜悦。在很多个场景中人都能感受到喜悦，如打开邮箱，发现一封老友的来信等。

第二，感激。生活中，人们常常也能体验到感激，如老师温和地提出学习建议，帮助学生更好地调整学习方法和计划；父母为孩子准备丰盛的晚餐等。

第三，宁静。宁静是在周围安全而熟悉、自身不需要付出太多努力的时候出现的。与喜悦不同的是，宁静要低调得多，它让人感到舒服和顺畅，如当人们经过辛苦而有意义的一天后，躺在床上小憩的感觉等。

第四，兴趣。虽然人们感到绝对安全，但是当一些新颖或奇怪的事物吸引了人们的注

---

①王振宏，王永，王克静，等. 积极情绪对大学生心理健康的促进作用 [J]. 中国心理卫生杂志，2010（24）：716.

意时，人们会被一种具有可能性和神秘性的感觉填满。与喜悦和宁静不同的是，兴趣需要付出努力和更多的关注。被兴趣牵引着去探索，将自我沉浸于正在接触的事物当中。

第五，希望。虽然多数的积极情绪都是在感到安全和满足时出现，但希望是个例外。如果所有事情都在按照希望的方式发展，那么人们就不需要希望了。希望通常在人们境况紧迫时、事情的发展对人们不利时，或者关于事情将如何发展存在着很大的不确定性时产生。

第六，自豪。自豪和以上的积极情绪不同，是"自我意识情绪"的一种。作为羞耻和内疚的对立面，自豪紧随着成就而绽放。自豪感可以是一种完成一项房屋装修后带来的良好感觉；无论是修理电脑、在花园里耕种，还是重新设计卧室，或者是在学习、工作或者生活中实现了目标，人们都会产生自豪的感觉。

第七，笑（逗趣）。笑和逗趣是联系在一起的。有时一些意想不到的事情就会让人们发笑。朋友品尝了最新创作的菜式后，做了有趣的鬼脸；指导孩子洗衣服时，出现了失误；或者同事对迟到做了幽默的解释，这些都会让人们想笑而感受到"逗趣"。

第八，激励。激励也是一种重要的积极情绪。例如，当人们看到运动员在赛场上拼搏，获得胜利，为国争光时，会受到激励；当看到着急上学的学生耐心地帮助一位年迈的老人过马路时，会受到激励；当阅读一部名著，被主人公坚韧不拔的精神感动时，会受到激励。

第九，敬佩。敬佩与激励密切相关，激励人们的对象往往也是让人们深深敬佩的对象。

第十，爱。爱是积极情绪中最丰富多彩的一种，它可能包含了上面所有的积极情绪感受。在生活中，人们会将上面的种种积极情绪转变为爱。当这些积极情绪所带来的美好感受和一种安全的、亲密的关系相联系，扰动心灵时，爱就产生了。

第二节　大学生常见的情绪问题

大学生的生活其实并不如外人想象的那样阳光明媚，可能被各种负性情绪所困扰，脱身不得，这里所指的情绪问题是指过去强烈或持续时间过长的过度的情绪反应。

一、大学生的健康情绪

健康的情绪是人格完善的必要条件之一。一般而言，一个人的情绪目的适当，反应适度，有良好的情绪自我控制能力，符合社会要求，就具备了健康情绪。心理学家丹尼尔·戈尔曼[①]认为一个情绪健康的人应该具有以下能力：

第一，自我觉察能力。能够觉察，认识并承认自己出现了某种情绪，即使有情绪上的麻烦，也不逃避。自我觉察是情绪智商的核心，没有能力认识自身的真实情绪就只好任凭情绪摆布；对自我情绪有更大的把握性才能更好地指导自己的人生，准确地决策。

第二，情绪控制能力。情绪管理必须确立在自我觉察的基础上。当意识到自己感觉到不安、恐惧、焦虑时，能控制这些情绪，通过自我安慰和运动放松等途径，使情绪适度地表达。驾驭情感能力高的人可以从人生挫折和失败中迅速跳出，迎头赶上。

第三，自我激励能力。无论集中注意力，发挥创造力还是完成某事，将情绪专注某个目标是非常必要的。任何方面的成功都必须具有情绪的自我控制——延迟满足，控制冲动，统览全局。能够自我激励，保持高度热情地投入，才能保证取得杰出的成就。

第四，认知他人的能力，即同理心，是在情感的自我知觉的基础上发展起来的又一种能力。拥有这种能力的人可以通过细微的信息敏锐地感受到他人的需要与欲望，能想他人之所想，既能设身处地去理解他人，又能客观地理解分析他人的情感。

第五，人际关系管理的能力。领导和影响他人的能力，即管理他人情绪的艺术。个体的受欢迎程度、领导权威、人际互动效能都与这项能力有关，掌握这项能力的人通常是社会上的佼佼者。

二、大学生的不良情绪

情绪问题其实指的是与情绪有关的认知及行为的问题，这些问题通过情绪表征出来，被称为情绪问题。适度的、情境性的负性情绪反应是正常的。但是，如果大学生经常遭遇同一类烦恼或在某一情绪中不能自拔，从而影响身心的健康和学习，且主观上认为自己不能摆脱这样的情绪困扰而苦恼，它被称之为情绪问题。情绪问题是个信号，这个信号提示我们"我们的认知或应对模式有问题，需要调整"。

情绪问题一方面导致大学生大脑神经活动功能紊乱，使情绪中枢部位的控制减弱，使其认识范围缩小，自制力、学习效率降低，不能正确评价自我，甚至会产生某些极端的行为，造成心理障碍、心理疾病甚至生命危险；另一方面，情绪问题又会降低大学生的免疫

[①]丹尼尔·戈尔曼，1946年出生，哈佛大学心理学博士，现为美国科学促进协会（AAAS）研究员，是美国时代杂志（*Time*）的专栏作家，曾任教于哈佛大学，专研行为与头脑科学，撰写的作品多次获奖，曾四度荣获美国心理协会（APA）最高荣誉奖项，其中包括美国心理学协会授予的终身成就奖。主张情商应该比智商更能影响成功与否的《情商》一书，成为全球性的畅销书。

功能，导致其正常生理平衡失调，引起心血管、消化、内分泌等系统的各种疾病，严重影响身心健康。因此，大学生的情绪问题不容小觑，一定要加以重视和调适，必要时要求他们去心理咨询中心进行咨询。

（一）焦虑情绪

焦虑症是一种以焦虑情绪为主要表现的情绪障碍，常伴有头晕、胸闷、心动过速、呼吸急促、震颤、尿频尿急，同时伴有忧虑、担心、害怕、强迫或类似的情感反应。焦虑在大学生当中最为常见，在它背后隐藏着一种完美主义的诉求。高焦虑的人需要掌控感，需要精确地控制自己的生活，容不得意外发生。例如，一个焦虑的人可能会担心自己考试不及格怎么办，为了减少这种可能性，会付出极大的精力在学习上，从而保证自己成绩优异。焦虑是有其积极意义的，换言之，适度的焦虑是必要的。假如失去了对未来的担心，也就失去了前进的动力。然而，在另一个极端上，假如我们把时间和精力都投注给了未来的担心，焦虑就是一种危害严重的情绪了。

焦虑可能是明显的，也可能是隐蔽的。例如，当一个人为了找工作的事心烦意乱，寝食不安的时候，就是正在焦虑。对于焦虑，我们认识得很清楚。然而，当一个人每天坐在电脑前面打游戏，看上去懒洋洋提不起精神来的时候，他很可能也正在焦虑，这种焦虑是极隐蔽的。对这些人，也许过两天就是上交论文的期限，心里分明很慌，有强烈的焦虑感，但焦虑的后果是回避，因为任务太重，害怕面对，于是选择回避。这样时间越来越少，该做的事没做，焦虑感越来越强烈，形成了一种恶性循环。这时的焦虑是有害的情绪，不再能起到促使人积极采取行动的作用。

（二）抑郁情绪

抑郁是大学生中常见的情绪问题，是一种感到无力应付外界压力而产生的消极情绪。情绪抑郁的大学生，其主要表现有：情绪低落、思维迟缓，干什么都打不起精神；不愿参加社交，故意回避熟人，对生活缺乏信心，体验不到生活的快乐；伴有食欲减退、失眠等，长期的抑郁会使人的身心受到严重损害，使大学生无法有效地学习和生活。性格内向孤僻、多疑多虑、不爱交际、生活中遭遇意外的挫折，长期努力得不到报偿的人更容易陷入抑郁状态。

从认知上讲，抑郁的人对自己，对世界，对未来，持有一种远比现实状况更糟糕的评价。一个各方面都不错的大学生，抑郁时可能会觉得自己是最差劲的，任何一个旁观者都知道事实显然并非如此。身陷抑郁情绪中的人，无精打采，认为生活中没有值得高兴的事情，他们的言谈中流露出一种无助和无望感。

大学生产生抑郁情绪的原因比较复杂，外部原因有失恋、考试失败、生病、家庭变故、生活中出现重大事故等；内部原因有心中一些固有的潜在的消极自我观念，觉得自己无能、没有价值、不招人喜欢等。

需要注意的是，抑郁情绪并不等于抑郁症。之所以特别强调，是因为现在的媒体大肆宣传抑郁症的知识，有时反而给人一种错觉，以为抑郁症无处不在，反而无助于正常生活的维护。其实抑郁症作为心理疾病的一种，有严格的诊断标准，并非完全如我们所想。大学生抑郁情绪比较常见，并且具有多种形式，大多数属于一般的情绪反应，有一些属于心理障碍的范畴，极少数属于严重精神疾病范畴。总而言之切记，抑郁不等于抑郁症，任何人都会有情绪低落的时候，不必把抑郁与抑郁症等联系到一起。

虽然抑郁不等于抑郁症，但是抑郁也不是愉快的情绪体验，并且有进一步损害身心健康的可能。抑郁时会对各种活动失去兴趣，生活没有动力，学习和工作效率可能严重受损，所以，当我们感觉心情低落时，要特别注意及时调整自己。可以通过与亲朋好友交流或记日记等方式主动宣泄不良的情绪，积极参加活动，寻找一些开心的事。发现周围同学心情低落时，应主动接近并关心他们，为他们提供一定的社会支持，让他们感到有人关心，有人同情，有人理解，并积极倾听，帮助他们宣泄痛苦。

（三）愤怒情绪

愤怒是人的基本情绪。愤怒是由于客观事物与人的主观愿望相违背，或因愿望无法实现，人们内心产生的一种激烈的情绪反应。大学生正处于情绪波动大，易冲动的时期，容易发怒是大学生中常见的一种不良情绪的体现。心理研究指出，人的愤怒按其程度可以分为九个梯级：①不满；②气愤；③愠；④怒；⑤愤怒；⑥激愤；⑦大怒；⑧暴怒；⑨狂怒。随着梯级数的不断增加，发脾气的情绪会越来越大，而自制力则会越来越差，理智几乎完全丧失。发怒会使人丧失理智、阻塞思维，导致损物、伤人等许多失去理智的行为。

大学生中发生的一些违纪事件，大多是在发怒的情绪下发生的。愤怒情绪本身不是问题，只要学会合理表达愤怒、消除愤怒就好，过分压抑愤怒和被愤怒支配做出失去理智令自己后悔不迭的事是对自身有害的。

第一，愤怒是因为我们有错误的认知，认为不愉快的事情是别人蓄意造成的。例如，迟到失约，没有人喜欢在约定的地点等半个钟头，但至少能考虑一下，也许对方另有苦衷或者有什么重要的事。总而言之，这种行为并不是对自己的蓄意攻击。

第二，愤怒是因为我们经历了错误的强化。也许在童年的时候，每当遇到不合意的安排时，我们便通过愤怒的吼叫去迫使大人屈服。愤怒带给我们很多收益，获得掌控感，以为这一模式也可以在成年人中沿用。然而作为成人，愤怒只能给自己带来伤害。

第三，愤怒是因为不够宽容，执着从自己的角度看问题时，会忽略别人这么做的道理。每个人都有一套价值观，谁都无权将自己的思维和行动方式强加于人。所以，当因为和别人出现了意见上的分歧而准备愤怒的时候，告诉自己：节制，节制，再节制。

在生气时，我们一定要保持沉默，告诉自己"现在还不合适，过十分钟再表达"。如果自觉有控制不住的趋势，那最好能离开现场。虽然这会让我们感到相当地委屈和难受，然而，等愤怒的情绪消退后，会为这一选择庆幸不已。愤怒以愚蠢开始，以后悔结束。

（四）羞耻情绪

羞耻是一种指向自我的，痛苦、难堪、耻辱的体验。羞耻这种情绪不同于害羞等自然性的反应，而是一种与文化关系密切的情绪。对羞耻最直观的印象就是：自己的缺陷显露于别人的目光之下，从而脸红耳热，羞愧难当，既对自己憎恨，又对环境无奈，更对别人的看法不敢揣测。羞耻情绪跟场景高度相关。通常而言，这种情绪产生时需要有外人在场，且自己正被外人关注。羞耻会引发对自己整个人的负性评价，认为自己在别人面前丢了脸，从而感到自己无能、无力、无价值。

羞耻情绪可能转化为愤怒。例如，一个领导在被下属指出自己的缺点以后，因为感到羞耻，觉得自己的权威受到了挑战，可能会以大发雷霆的方式表现出来。同时，羞耻情绪也可能转化为抑郁。例如，一个学生觉得自己当众丢了脸，很多天后仍然认为别人会看不起自己，因此，不敢出门见人，每天忍受孤独和抑郁的折磨。羞耻还可能引发焦虑，如一个人因为某一次在众人面前讲话遭到嘲笑，从此回避当众讲话的情境，而且需要上台做报告时就会满头大汗，心跳加速，感到极度焦虑。

羞耻并不是一种完全的负性情绪，正常人都应该有适度的羞耻。因为适度地体验到羞耻可以有效地规范行为，适当地按照社会规范生活，适应社会。然而，和其他的负性情绪一样，过度的羞耻就是一种有害的体验。在一些实际不用感到羞耻的场景中感到羞耻，并转化为对自身的伤害。例如，一个同学在课上回答问题时说错了一句话，全班哄堂大笑，便因此觉得非常丢脸，接下来好几节课都低着头不敢见人。这就是对羞耻过于敏感，事实上，在这种场景中，大多数人都只会感到轻微的羞耻或尴尬。

克服"过度羞耻"的方法，一是要认识到自身有容易羞耻的倾向；二是尽可能地悦纳自我，增加自信，相信自己是一个有价值的人，不会因为一两件具体的事而否定整个人的价值；三是在自己体验到羞耻时，在脑海里做一个换位假设。因此，过度的羞耻感是毫无必要的。

第三节 大学生情绪的自我调节

一、大学生情绪自我调节的意义

良好的情绪不仅是维护生理健康的保证，也是促进心理健康的有效途径。良好的情绪取代引起神经和精神紧张的坏情绪，减少和消除对机体的不良刺激；良好的情绪可以直接作用于脑垂体，保持内分泌功能的适度平衡，从而使全身各系统、器官的功能更加协调、健全。忧愁、顾虑和悲观可以使人得病；积极、愉快、坚强的意志和乐观的情绪可以战胜疾病，使人更强壮和长寿。

情绪不仅与大学生的身心健康有关，而且与大学生的心理发展、潜能开发、工作效率、生活质量等因素有关。良好的情绪使大学生乐于行动，有兴趣学习、工作和活动，有积极地与人交往的愿望；良好的情绪有助于开阔思路，注意力集中，富有创造性。因此，培养大学生良好的情绪，有利于大学生的身心健康和心理发展。反之，不良情绪对身心健康会产生危害。不良情绪主要是指过度的情绪反应和持久性的消极情绪两种。过度的情绪反应包括因为一些重大的生活事件使情绪反应过于强烈，如狂喜、暴怒、悲痛欲绝等；也包括一点小事而产生的过分情绪反应，如怒不可遏或激动不已；还包括情绪反应过于迟钝。持久性的消极情绪是指引起忧、悲、惧、怒等消极情绪的因素消失后，仍在很长时间里沉溺在消极状态中不能自拔。

第一，能够积极适应环境。情绪获得健康发展的大学生，不仅能够积极适应熟悉的环境，而且勇于开辟新环境，乐于接受新环境，并且能很快适应陌生的环境。相反，情绪得不到健康发展的大学生，虽然能适应熟悉的环境，但往往依赖环境，是环境的被动承受者，而不是能动的参与者、改造者。

第二，能够有效地进行学习和工作。情绪获得健康发展的大学生，乐于从事学习、工作和其他实践活动，能够胜任一定的角色，完成一定的任务，并逐步提高效率。能够从实际条件出发，确定切实可行的活动目的，选择相应的活动方式，达到活动目标；能够在活动中充分发挥出自己的身心潜能，表现出不可压抑的主动性和积极性，并以此自我满足。

第三，能够正确评价自我。情绪获得健康发展的大学生，自我意识也会得到较好的发展。不仅形成和确立了自我形象，而且对自我评价已经具有了一定的客观性和稳定性；对自己的认识比较符合自己的历史和现实，同时，自我形象又是可塑的，会随着别人的评价、自我认识的深化而调整和改变，从而使它更适应环境的要求。

第四，能够保持良好、稳定的情绪状态。情绪获得健康发展的大学生，有良好的心境和积极的情绪状态，总以积极、乐观向上的情绪为基调，而少有消极、苦恼、暴怒的情绪表现。他们能战胜恶劣的心境；摆脱过度紧张的情绪和消极情绪的困扰，能控制情绪性质、情绪强度和表情方式，能适应客观情绪的要求。

第五，能够确立良好的人际关系。情绪获得健康发展的大学生，与父母、教师、同学、朋友容易确立并发展亲密融洽的关系。喜欢与别人交往，能够正确地理解别人的思想感情，容易接受别人、学习别人的优点和长处；能够同情、关心、帮助别人，与朋友同甘共苦，因而能够被别人所喜欢和接受，对别人具有较强的吸引力。

二、大学生情绪自我调节的原则

第一，树立正确的人生态度。不同的人在面对相同的情景或遭遇时会表现出不同的情绪反应，部分大学生面对困难乐观向上；部分大学生面对挫折萎靡不振，这是因为人的情绪是受其人生态度影响的。只有树立正确的人生观、世界观、价值观，才能使人保持积极乐观的人生态度，用百折不挠的精神去迎接各种各样的考验。

第二，培养豁达的胸怀。常常纠结于琐事而斤斤计较的人，很难保持良好的情绪。在日常生活中不要过于苛求他人，为微不足道的小事而大伤感情；人们应该认识到任何事物都具有两面性，从教训中发现经验，从失去中寻找收获，才能成为真正的成功者。

第三，培养坚韧的意志。从小事做起，脚踏实地是磨炼意志最好的方式，如按时作息，按时学习，按时锻炼等。在遇到困难时要正面迎击，用坚毅顽强乐观的意志去克服困难。培养自我控制能力，可以通过控制训练，强化训练等方式克服恐惧、懒惰、忧郁的情绪，控制冲动行为的发生。

第四，培养沟通的艺术。融洽的人际关系是保持良好情绪的重要手段。学会对自我情绪的恰当表达和正确调控，对他人情绪的感知和把握是建立和谐人际关系的关键。在语言和动作表达中，如果加入幽默成分，会达到事半功倍的效果。幽默能展现人独特的风度和魅力，缓解紧张情绪，使氛围变得自然融洽。

三、大学生情绪自我调节的步骤

情绪容易波动是大学生的共性特点，主要是由大学生的生理心理发展水平决定的，也是生理、心理、社会诸因素矛盾冲突的结果。从生理角度看，由于性成熟、性激素分泌旺盛会通过反馈增强下丘脑（此为情绪的定位部分）的兴奋度，下丘脑神经会出现兴奋亢进，而由于大脑皮层原有的调节功能一时还不能适应这种情况，因而在皮层和皮层之间出现了不平衡的状态。从心理角度来看，主要有三个方面：一是大学生对事物的认知还不稳定，对事物还缺乏完整的把握，因而在思维方式上往往轻易地加以绝对的肯定或否定，易走极端；二是此时大学生的自我意识在觉醒发展，把探索的目光指向自我内部时，理想我与现实我的差距常常会引起情绪的波动、不稳定；三是由于大学生内在需要日益增长且不断变化，与现实满足需要的可能性之间是非线性关系，易处于矛盾状态，表现出情绪忽高忽低，变化多端。但是情绪可调节，可控制，情商可以通过有意识培养而提高。

（一）观察自己真正的情绪

要想管理自己的情绪，首先要清楚了解自己的情绪状态。我们往往会随着外在事件的变化而产生各种情绪，但这时不管处于何种情绪中，我们都应该先停一下，摆脱出来，冷静地去体会、感觉自己的情绪，将它理清楚。

（二）恰当表达自己的情绪

大学生应该学会适当地表达自己的内心反应，使不良情绪得到正确疏导。大学生由于情绪表达不当而造成的问题比比皆是，最常见的是宿舍中因情绪表达不当，造成人际关系紧张；因学习或某方面能力不如别人而自卑，长期压抑产生的抑郁。此外，由于情绪失控造成的悲剧也常在大学校园中出现。因此，大学生需要提高自身情绪管理的能力以维护心理平衡。

（三）运用合适的方式调控情绪

1. 宣泄情绪

情绪不好时，大多数人会将其宣泄出来，但宣泄情绪也有"度"的问题，应强调其合理性，不能把合理的宣泄理解为疯狂式的情绪发泄。如以暴力或其他不恰当的方式发泄情绪，不仅不利于问题的解决，反而会引发新的问题。情绪宣泄既不能损害其他人的利益，也要避免对自己造成更大伤害，如把怒气憋在心里、喝酒抽烟、暴饮暴食等负面行为都是不对的。

一旦产生不良情绪体验，要正视它，并找到一个合适的宣泄方法。适当的宣泄情绪方法是指当大学生处于较激烈的情绪状态时，应以社会可以允许的方式直接或者间接地表达其情绪体验。简而言之，就是高兴就笑，伤心就哭。坦率地表达内心的愤怒、苦闷和抑郁情绪，心情会变得舒畅些，压力会减少一些，与情绪体验同步产生的生理改变也将较快地恢复正常。合理的宣泄情绪方法如下：

（1）倾诉。即向师友亲人诉说心中的烦恼和忧虑，要找一个能理解的人，帮助我们用一种建设性的态度去看待我们所遭遇的一切。也可以用写日记的方式倾诉不快，或者自言自语。

（2）哭泣。在痛快地哭过后，情绪强度一般都会降低。而那些不爱哭泣，没有利用眼泪消除情绪压力的人，影响了身体健康，并促使某些疾病恶化。例如，结肠炎、胃溃疡等疾病与情绪压抑有关。悲伤时流出的眼泪，含有更多的荷尔蒙等，遇到悲伤的事时，流泪后心情会好许多，这是由于悲伤引起的毒素，通过眼泪已得到排泄之故。

2. 转移注意

转移注意是指处于情绪困境时，暂时将问题放下，从事所喜爱的活动以转变情绪体验的性质，达到调控情绪的目的。按照巴甫洛夫①的条件反射学说，人在发愁、发怒时，会在大脑皮层上出现一个强烈的兴奋中心。这时，如果另找一些新颖的刺激，引起新的兴奋中心，便可以抵消或冲淡原来的兴奋中心。

事实证明，音乐、美术等是调控情绪的最佳方式。体育活动既可以松弛紧张情绪，又可以消耗体力，使消沉者活跃，实现平衡情绪的目的，这些都属于积极的转移，大学生应注意一些消极的转移。

3. 调节认知

情绪反应产生于主体认识到刺激的意义和价值之后，对相同的刺激，不同的评价将会引起不同的情绪反应，所以可以用调整、改变认知的方法调控情绪反应和行为。认识过程是情绪情感的前提，对刺激情境的认识决定着情绪情感的性质，也影响情绪情感的强弱。情绪与情感水平和性质反过来又影响认识过程。积极良好的情绪情感，能激励感知的主动性，改善记忆活动的各项品质，增进思维和想象的灵活性和创造性，提高认识的效率；而消极的不良情绪情感会干扰认识活动的顺利进行，影响认识活动的深度和广度，对认识过程产生消极影响。

4. 确立社会支持系统

日常生活中我们无时无刻不在与他人进行着社会交往，同时也从他人那里获得不同程度的社会支持，这些支持既包括有形的经济上、物质上的援助，也包括无形的心理上、情感上的关心。良好和谐的社会联系和支持满足我们爱与归属的需要，使内心不再感到孤独

---

①伊凡·彼德罗维奇·巴甫洛夫（Иван Петрович Павлов），苏联生理学家、心理学家、医师、高级神经活动学说的创始人，高级神经活动生理学的奠基人，条件反射理论的建构者，也是传统心理学领域之外对心理学发展影响最大的人物之一，曾荣获诺贝尔生理学奖。

和无助，能减轻各种应激事件对身心健康所造成的消极影响作用。

一个人所获得的社会支持来自不同方面，因此，社会支持是多方面、多层次的。一般而言，社会支持包括三类：首先是来自亲人的支持。父母、兄弟、姐妹、亲属等的支持，是个体最基本最重要的社会支持源泉；其次是来自朋友的支持，尤其是大学生遇到不快时，朋友会提供最及时有效的帮助；最后是来自社会的支持，包括社会团体、社区等。

随着社会的发展，心理咨询已逐步走进人们的生活。医院、学校开设心理咨询，专为有心理困惑或危机的人提供心理援助。通过社会支持系统可以获得倾诉的对象，情绪低落的人向他人倾诉苦恼之后，会有轻松解脱的感觉，大学生应该经常主动自觉地利用好这种情绪调控手段；别人的视角和思路有助于帮助当事人走出个人习惯的思维模式，重新评价困境，寻找新的出路；更重要的是社会工作者和心理医生可以提供专业性的意见和建议，运用心理学手段和方法帮助大学生更有效地解除情绪障碍。

此外，色彩、气味、改变着装甚至装出来大笑等都有助于情绪调节。情绪调节的办法有很多，重要的是寻找到适合自己的，适合自己的才是最好的。

《第四章》 大学生自我探索与性格优化

第一节　人格的认知

从字源上看，我国古代汉语中没有"人格"这个词，只有"人性""人品""品格"等词。中文中的"人格"这个术语是从日文中引入的，而日文中的"人格"一词则来自对英文"personality"一词的意译。英语中的"personality"一词最早来源于拉丁文的"Persona"，本义是指面具。把面具指为人格，实际上包含着两层意思：一是指个人在生活舞台上表演出的各种行为，表现于外，给人印象的特点或公开的自我；二是指个人蕴藏于内、外部未露的特点，即被遮蔽起来的真实的自我。

随着西方古代语言学的发展，"人格"这一具体的专指面具的词被加以扩展和引申，以至于渐渐演变成一个抽象而又多义的名词，其使用范围非常广泛，在生理、心理和美学等不同领域被赋予不同的意义。即使在心理学中，"人格"也是一个很复杂的概念。"人格是相对于认知、情绪、意志等而言的一种心理现象，亦称个性"①，它反映了一个人总的心理面貌，指一个人在一生发展的漫长历程中，逐渐形成的、表现为稳定的和持续的心理特点，以及行为方式的总和，这些心理特点主要包括以下方面的内容：气质、性格、能力、兴趣、爱好、需要、理想、信念等。其中，气质、性格是人格的重要组成部分。

一、人格的基本特征

按照心理学的描述，人格具有以下基本特征：

第一，人格的整体性。人格的整体性是指人格虽有多种成分和特性，但在一个现实的个人身上是错综复杂的，相互作用组成的一个有机整体。人格的整体性表现在人格内在统一性上，一个失去了人格内在统一性的人，他的行为就会经常由几种相互抵触的动机支

---

①杨伟才. 大学生心理健康 [M]. 北京：北京出版社，2018：36.

配，或者思想和行动相互抵触，导致心理冲突，甚至人格分裂，形成"双重人格"或"多重人格"。

第二，人格的稳定性。人格的稳定性是指较为持久的一再出现的定型的东西。主要表现为两个方面：一是人格的跨时间的持续性；二是人格的跨情境的一致性。例如，一个外向的学生不仅在学校里善于交际，喜欢交朋友，在校外活动中也喜欢交际，喜欢聚会。而且不仅在中学时如此，在大学时也是如此。那些暂时的、偶尔表现出来的行为则不属于人格特征。

第三，人格的独特性。人格的独特性是指人与人之间的心理和行为是各不相同的。换言之，一个人的人格是由某些与别人共同的或相似的特征以及完全不同的特征错综复杂地交织在一起构成的独特的人格。由于人格结构组合的多样性，每个人的人格都有自己的特点。

第四，人格的社会性。人格的社会性是指人格是个体在社会化过程中形成的。换言之，每个人的人格都打上了他所处社会的烙印。不同社会的政治、经济、文化对个体有不同的影响，使人格带有明显的社会性。当然也不排除人格的自然性。人格是在个体的遗传和生物基础上形成的，受个体生物特性的制约。从这个意义上来说，人格是个体的自然性和社会性的综合。

二、人格的发展及影响因素

（一）人格的发展

第一，不稳定性。青年期是由儿童向成人的"心理场"的过渡时期，由于生活空间的扩大、社会的变迁以及自身社会角色的过渡，大学生在未知的环境中难以确定自己的行为方式。因此，在这一时期，大学生表现出的一些人格特征带有显著的不稳定性。有时表现出空前的自信，认为自己无所不能，而有时又极度自卑，认为自己一无是处。而且两者可反复出现，使大学生情绪不稳，常处于情绪的动荡状态。

第二，冲突性。进入青年期的大学生，开始摆脱儿童期对自我和外界的肤浅认识，将注意力集中到重新发现自我上来。尤其是对于新生，环境的变化、学习压力的加大、同学间的竞争常使他们失去既往的心理平衡，在内心掀起巨大的波澜，自我的重新认知也使其思想行为陷入自我矛盾的尴尬境地，如在与人交往中，虽然内心渴望得到友谊和关怀，却因怕被拒绝而做出冷漠、高傲的姿态。

第三，可塑性。人格的发展和变化并不是在童年就停止了，而是整个一生都在继续着。人格的发展经历幼儿期、少年期、青年期、中年期和老年期五个阶段，而青年期是人格走向成熟、由量变到质变的重要时期，在这一时期，受学校、社会等后天环境以及自身知识的积累，生活经历的影响，其人格常会有较大的改变，具有较强的可塑性。

（二）人格发展的影响因素

1. 先天遗传影响因素

根据对刚出生的婴儿的观察发现，有的婴儿哭声洪亮，好动，是兴奋型；有的婴儿哭声细微，安静，是抑制型。这样的神经类型的特点显然是遗传的。而且同卵双生的同病率显著高于异卵双生的同病率。一般血缘关系越近，病态人格的发生率越高，表明遗传对人格的影响确实存在。

2. 后天环境影响因素

（1）文化环境的影响。人从诞生之日起，就无时无刻不在受社会文化环境的影响，在特定的社会文化关系中不断地成长成熟。从这个意义而言，人不仅是一个生物个体，更多地体现为一个社会成员，生物在成长过程中，会随时对社会要求做出各种独特的反应，调节个体生物需要与社会文化环境的关系，主动或被动地实现个体社会化的过程。在这个过程中，个体形成独特而稳定的人格。所以，社会文化环境的方方面面都对人格的形成有潜移默化的影响。

（2）家庭影响。家庭是儿童最早接受社会化的地方，父母是社会化的最初媒介。对于一个人来讲，对客观现实的认识往往是从家庭生活、家长的言行举止开始的。家庭对人格的影响包括家庭的组成状况、家庭的社会地位、父母的人格特征及夫妻关系、父母的教养态度及教养方式等。

（3）学校影响。学校对学生人格的影响主要是校园文化的影响以及教师和同伴的影响。校园文化是大学生人格健康发展的重要影响因素。校园文化构成了高校的育人环境，具有导向和凝聚的作用，对大学生的人格发展起着潜移默化的影响。人格在实践过程中形成，在人与人交往的过程中形成。教师的言行举止、情绪反应方式都能成为学生模仿的对象，从而潜移默化地影响学生待人处事的方式、学习的态度和对自己的看法等。同伴的影响在大学生中更为显著，因为，大学生更倾向于赢得同龄人的赞许和认可，同辈群体之间的共同语言、共同情感体验、共同需要使他们相互认同、相互模仿、相互接纳，获得心理上的满足，提供适合心理适应和发展的小环境。

（4）大众传媒。大众传媒迅速地向人们提供社会事件、社会变革的消息，还向人们提供各种不同的角色模式、角色评价、价值标准、行为规范等，对个体的发展起着潜移默化的影响。

第二节 气质与性格

在人格结构中，气质和性格是人格结构的重要组成部分，气质与性格的特点构成了人们各不相同的个性心理特征。

一、气质的认知

气质是人格结构中比较稳定的并与遗传因素联系密切的成分。气质反映的是人们心理活动动力方面的特征，指心理过程的强度、速度、稳定性、灵活性等方面的特点。心理过程的强度指的是情绪和意志力的强度。

心理过程的速度指反应的快慢。心理过程的稳定性指注意力时间长短，有的人能持久关注一件事，有的人兴趣不稳，经常转移。心理过程的灵活性指思维的灵活性，有的人能举一反三，变通思维，有的人僵化保守。

（一）气质的类型

人们把气质分为黏液质、多血质、抑郁质和胆汁质四种类型，每种不同的气质类型都具有不同的心理和行为特征。

1. 黏液质

黏液质属于沉默而安静的类型，神经过程强而平衡且灵活性低。感受性低；耐受性高；反应速度缓慢，具有稳定性；情绪兴奋性低；内倾性明显；行为有一定可塑性。行为特征表现为：安静，稳重，情绪不易外露，注意力稳定又难于转移，善于忍耐，对兴奋性行为的改造容易等。属于这种气质类型的人无论环境如何变化，都能基本保持心理平衡，凡事力求稳妥、深思熟虑，不做无把握的事，具有很强的自我克制能力，很少流露内心真实情感；与人交往时，态度稳重适度，不爱抛头露面；行动缓慢而沉着，能够恪守既定的生活秩序和工作制度。

2. 多血质

多血质属于敏捷而好动类型，神经过程强而平衡且灵活性强。感受性低；耐受性高；反应快而灵活；情绪兴奋性高，外部表露明显；外倾性明显；行为可塑性大。典型的行为特征是：活泼好动，敏感，反应迅速，喜欢与人交往，注意力容易转移，兴趣容易变换，情绪易表现和变换，对行为的改造比较容易等。属于这种气质类型的人更容易适应环境的变化，性情开朗热情，善于交际，在群体中精神愉快，相处自然；在工作和学习上肯动脑筋，办事效率高；对外界事物有广泛的兴趣。

3. 抑郁质

抑郁质属于呆板而羞涩的类型，神经过程呈弱型。感受性高；耐受性低；反应速度慢，刻板而不灵活；情绪兴奋性高而体验深；内倾性特别明显；行为可塑性小。行为特征表现是：孤僻胆小，行动迟缓，不易动情，体验深刻细心，感受性很强，敏感多疑，缺乏果断和自信，精力较不足，忍耐力较差，对行为的改造较难等。这种气质类型的人喜欢独处，交往拘束；常因微不足道的小事引起神经紧张，情绪波动；极少对外表露自己的情感，但内心体验却相当深刻；遇事三思而后行，求稳不求快，因而显得迟缓刻板；性情怯弱自卑，优柔寡断。

4. 胆汁质

胆汁质属于兴奋而热烈的类型，神经过程强而不平衡。感受性低，有一定耐受性，反应快而灵活，情绪兴奋性高，抑制能力差，外倾性明显，行为有一定可塑性。行为特征是：直率热情，精力旺盛，情绪易于冲动，心境变换剧烈，脾气急躁，对兴奋性行为的改造较不容易等。这种气质类型的人一般表现为有理想抱负，有独立见解，行为果断，有魄力，敢于负责，喜欢指挥别人。

气质主要是由人先天的高级神经活动类型决定的，仅使人的行为带有某种动力的特征，没有好坏之分。每一种气质类型都有积极的方面，也都有其消极的方面。气质也有一定的可塑性，大学生可以通过环境、学校教育和自我教育等途径，自觉地发扬自己气质中的积极方面，努力克服气质中的消极方面。气质不决定一个人性格的倾向性和能力的发展水平，也不决定一个人活动的社会价值和成就的高低。

（二）气质的影响

1. 对学习活动的影响

气质类型不决定一个人的智力水平，但影响智力活动的特点。胆汁质者思维敏捷，学习热情高，刚强，但粗心、急躁；多血质者机智灵敏，适应性好，兴趣广泛，但烦躁、不踏实；黏液质者刻苦认真，但迟缓、不灵活；抑郁质者思维深刻，谨慎细心，但迟缓、精力不足。

2. 对职业的影响

某些气质特征能为个人从事某种职业活动提供有利条件。胆汁质者适应于喧闹、嘈杂的工作环境，而对于需要长期安坐、细心检查的工作则难以胜任。多血质者不适宜做过细的工作，单调机械的工作也难以胜任。变化、需要灵活的工作会使黏液质感到压力。对于抑郁质者而言，胆汁质无法胜任的工作他们倒干得恰到好处。

3. 对人际关系的影响

人际关系上，胆汁质者易怒，容易产生人际冲突，但直率、心眼好，比较义气；多血质者新朋友多，老朋友少，交际广泛，主动热情；黏液质者新朋友少，老朋友关系持久，交往缺乏主动性；抑郁质者通常找同频率的人。因此，如果向黏液质者提出要求，应让他有时间考虑；对抑郁质者应多给予关心和鼓励；与胆汁质者沟通应避免发生冲突等。

4. 对环境适应能力的影响

一般而言，多血质的人机智灵敏，容易用很巧妙的办法应付环境的变化；黏液质的人常用克己忍耐的方法应付环境，也能达到目的；胆汁质的人脾气暴躁，在不顺心的时候容易产生攻击行为，造成不良后果；抑郁质的人过于敏感，比较脆弱，容易受到伤害，感受到挫折。后两种类型的人适应环境的能力都不强。

5. 对人身心健康的影响

不同气质类型的人情绪兴奋性的强度不同，情绪兴奋性或太强或太弱，适应环境的能力比较差，容易影响到身体的健康。人的气质特性与人的身心健康有关系。

6. 对性格特征形成的难易影响

不同气质类型的人在形成这些性格特征的时候有些比较容易，有些就比较难。例如，胆汁质的人容易形成勇敢、果断、坚毅的性格特征，却难于形成善于克制自己情绪的性格特征。多血质的人容易形成热情好客、机智开朗的性格特征，却难于形成耐心细致的性格特征。

人的行为不是决定于气质，而是决定于在社会环境和教育影响下形成的动机和态度，因此，不能孤立地考虑人们的气质特征，更重要的是培养积极的学习和劳动态度。如果具有正确的动机和积极的态度，各种气质类型的人都可能在学习上取得优良成绩，在劳动中做出出色的贡献。

二、性格的认知

（一）性格的特征

性格是一个人比较稳定的对现实的态度和习惯化了的行为方式，是人格结构中表现最明显，也是最重要的心理特征。性格主要由以下四方面结构特征组成。

第一，性格的态度特征。性格的态度特征指人在对客观现实中多种多样的对象和现象的态度中表现出来的性格特征，这些特征主要是有关处理社会关系各方面的，包括对社会、集体、他人态度的性格特征，如自私或无私、合群或孤僻等；对劳动和学习态度的性格特征，如勤劳或懒惰、创新或守旧等；对自己态度的性格特征，如谦虚或骄傲，严于律己或自我放纵等。

第二，性格的理智特征。性格的理智特征指表现在认识过程中的性格特征。主要包括：感知特征，如主动观察型或被动观察型、罗列型或概括型等；记忆特征，如形象记忆型或逻辑记忆型、快记型或慢记型等；想象特征，如幻想型或现实型、宽广型或狭窄型等；思维特征，如独立型或依赖型、分析型或综合型等。

第三，性格的情绪特征。性格的情绪特征指人们在情绪活动中表现出来的性格特征。如有的人情绪体验强烈长久，有的人则微弱短暂等。情绪特征主要有四个方面：强度特征，表现为个人受情绪影响的程度和以意志控制情绪的程度；稳定性特征，即情绪波动程度；持久性特征，即情绪作用时间长短；主导心境特征，表现为不同心境在一个人身上的稳定程度。

第四，性格的意志特征。指人自觉调节自己行为的方式和水平方面的性格特征。包括：对行为目的明确程度的特征，如目的性或盲目性、独立性或依赖性等；自觉控制行为水平的特征，如主动或被动、自制或冲动等；在长期工作中表现出来的特征，如坚毅或动摇等；在紧急危难时刻表现出来的特征，如勇敢或胆怯等。

性格的这些特征当中，态度特征和意志特征最为主要，它们直接表现了人对事物的倾向和影响方式。而所有这四方面特征是相互联系、彼此制约的，在它们共同作用下个体才形成了不同于他人的独特性格。并且，性格会随个人的角色转变、环境和情境的变化以及自我要求的不同而呈现出不同的特征，从而使人的性格表现具有丰富性和复杂性。

（二）性格的自我培养

1. 重视性格的自我涵养

（1）自省。也就是通过内心的自我检查、自我分析、对性格进行反思，以总结优点、改正缺点为目的。自省时，应提醒的是，找出自己的缺点不难，难的是下决心改正它。取得"自省"实际效果的最大心理障碍就是"自我原谅"。

（2）自警。针对自己的性格弱点，选择相关的名言警句，作为自己的座右铭，用以提醒和勉励自己，这就是我们说的自警。

（3）自居。自居本是西方心理学的一个术语，指的是人的一种自我防御、自我适应行为。在这里所说的自居，是指认同某个性格榜样，将自己作为该榜样的形象出现。自居有两个特点：一是出发点是积极的，二是过程也是积极的，都是为了提高自己、完善自己。

2. 增强性格的自我训练

（1）从小事入手。性格是在环境、教育等各种内外因素长期作用下逐步发展起来的，对其改变也需要一个长期的渐变过程。对性格的训练，刚开始时不能要求过高。例如，性格急躁、爱发脾气的人，自我训练的第一步应当是先设法克制火气，使自己冷静下来；过一段时间，再提出进一步要求，即不但不发火，还要表情自然；再进一步要求自己抑制火气时能挥洒自如、豁达大度。

（2）习惯潜化。从习惯到性格的改变，是实现性格转化的途径之一。实际上，人的性格中的很大一部分，所表现的正是一个人习惯化了的行为方式。在对自己行为的支配中，习惯的力量比任何理论原则的力量来得更大。因此，大学生在性格修养过程中，要努力培养自己良好的学习习惯和生活习惯。

（3）实践磨炼。性格的改变过程是一个实践过程。在实践中检验和判断性格，到实践中去培养磨炼性格，是进行性格修养的根本途径。性格向良好方向转变，不是由良好的训练计划、指导性修养方法所决定的。一百个空头计划不如一个具体的培养锻炼的行动。因此，性格修养应当坚持从实践做起，在学习、与同学的交往及业余爱好的发展中陶冶自己的性格。没有什么捷径和窍门，只有针对自己性格上的缺点，制订一个在实践中克服这些缺点的长期计划，并按这个计划持久地实践下去，才能逐步取得效果。

三、气质与性格的关联

气质与性格都是描写个体典型行为的概念，这两个概念既有区别又有联系。

（一）气质与性格的区别

第一，从起源方面看：气质是先天形成的，一般产生于个体发育的早期阶段，主要体现为神经类型的自然表现。性格是后天形成的，在个体生命的早期，并没有性格的表现。性格是行为主体与社会环境相互作用的产物，反映了人的社会属性。

第二，从可塑性方面看：气质变化较慢，可塑性较小，即使可能改变，也很困难。性格的可塑性较大，环境对性格的塑造作用是明显的，即使已经形成的性格是较稳定的，改变起来也要比气质容易。

第三，从社会评价方面看：气质无好坏善恶之分，不能做社会评价；性格有好坏善恶之分，可以做社会评价。因为气质所指的典型行为特征，如胆汁质的暴烈，多血质的活泼、灵巧，指的是一个人心理活动动力方面的特征，与个人行为的内容无关。而性格特征主要是指一个人行为的内容，反映了行为主体与社会环境的关系，如一个人对集体、对他人、对工作的态度，有好坏善恶之分。

（二）气质与性格的联系

气质与性格既有区别，又有联系，既相互依赖，又相互制约。

第一，气质对性格能够产生影响和作用。一个人性格特征的形成，主要依赖于其接受教育的方式和其与社会相互作用的性质和方法。而气质会影响一个人接受教育的环境和与社会相互作用的方式，这种影响在儿童的早期即可表现出来。如有的婴儿喜欢哭或笑。不同的气质特征必然会对家庭环境产生不同的影响和作用，引起父母或其他哺育者不同的行为反应，这些不同的行为反应，反过来也就必然会影响一个人性格的形成。

第二，气质不仅可以影响一个人接受教育的方式和其与社会相互作用的性质和方法，还可以按照自己的独特方式渲染性格特征，从而使性格特征具有独特的色彩。例如，同样是乐于助人的性格特征，多血质气质类型的人，在帮助别人时表现为动作敏捷热情；而黏液质气质类型的人，在帮助别人时则表现为动作沉着深沉。

第三，气质还影响性格特征形成和改造的速度。例如：要形成严谨自律的性格，胆汁质类型的人往往需要极大的努力和克制；而抑郁质类型的人，则比较容易形成，不用特别地控制和努力。

第四，性格也能对气质产生影响和作用。性格对气质有掩蔽作用，可以在一定程度上掩盖或改变气质，使气质服从于生活实践的要求。例如，领导者必须具备冷静、沉着稳重等性格特征，在长期从事领导实践活动的锻炼中，这种性格特征的形成，有可能掩盖或改造胆汁质类型的人易冲动和不可遏制的气质特征，使其更像是黏液质的气质类型。

第三节　MBTI 性格理论

"MBTI 人格理论基础目的在于探索、研究和展现人们的行为差异的内在特质原因"[1]。该理论表示，人格特质是个体认识和接触世界的基础，不同的人格类型形成个体认知和行为表现的差异。

第一，"外向 E—内向 I"表示个体获得和发泄心理能量的方向和程度。外向型关注自

---

①史灵. MBTI 人格、心理资本对大学生成长的影响机制研究［D］. 天津：天津大学，2014：17.

己对外部环境的影响，并将心理能量和注意力集中在外部世界和人际交往上；内向型关注外部环境的变化对自己的影响，将心理能量和注意力集中在自我的内心感受，并具备良好的情绪控制能力。

第二，"感觉 S—直觉 N"表示个体获取信息时不同的感知与用脑倾向。感觉型倾向于通过感觉器官来搜集信息，注重事物的细节，善于研究已知事物和已有信息；直觉型倾向于通过灵感、预感和暗示等方式搜集信息，注重事物的整体和发展趋势，善于学习新事物、创新以及跳跃性思维。

第三，"情感 F—思考 T"表示个体进行思维决策时不同的用脑倾向。情感型关注人们的内心感受，倾向于以情感价值观作为决策准则，如爱心、善良、和谐相处、通情达理等；思考型关注事物之间的逻辑关系，倾向于依据客观、理智和公正的分析来作决策。

第四，"感知 P—判断 J"是指个体是以一种有计划（固定）的还是自然（即兴）的方式生活。判断型善于做规划、决策以及管理，倾向于有条理和按部就班的生活方式；感知型倾向于无拘无束地生活，不善于制订长远计划，比较灵活，能随信息变化不断调整目标。

一、MBTI 性格理论的发展阶段

MBTI 量表共经历了三个发展阶段，人格类型的差异性评估逐渐深入和细微，由类型间差异发展到类型内差异，最后到个体差异。这样，MBTI 不断提升自身的解释能力，但并不改变原有的解释优势。

阶段一：类型间差异评估，用于个体的人格类型测量和内涵分析。此阶段主要区别和评估不同的人格类型，但无法体现同一种人格的个体差异。该阶段主要评估工具包括 G 量表和 M 量表。

阶段二：类型内差异评估，用于解释相同类型人格的个体差异，该阶段评估工具为 Q量表。阶段二将阶段一中原有四个因子分解出五个子因子，共形成 20 个子因子，用于表现原始人格维度的不同方面，如："外向 E—内向 I"维度细化为人际交往态度、沟通方式、人际关系的广度和深度、社交行为表现、精神能量指向等五个方面。总之，阶段二在辨析人格类型的基础上，还能深入地解释同类型人格的个体差异，因此提升了 MBTI 原有量表的解释能力。

阶段三：个体差异评估，即咨询师基于个性化的解释报告，对咨询者进行一对一指导，帮助个人更加充分地了解、开发和利用自己的天资，使其人格得到发展和完善。专家指出，专业咨询师与来访者的沟通是阶段三的核心，是获得独特和充分自我体验的关键。

阶段三的测量工具由 M、Q、F 量表构成，共计 222 道题目，M 量表评估人格类型，Q 量表测量人格的 20 个子维度，F 量表评估个体类型发展情况。随着 MBTI 量表的发展以及解释能力的提升，MBTI 的使用难度也不断增加，施测者需要接受过相关的技能培训，否则会导致分析偏差的出现。

二、MBTI 性格理论的领域研究

目前，除了有助于自我认知和发展外，MBTI 还广泛应用于职场和教育机构中，此外在家庭咨询、临床等领域也有相关研究。

（一）职业领域研究

人格类型分布研究。世界范围内学者逐渐认识到，各职业领域呈现特有的"群体人格特质"，其中管理者群体成为主要的研究对象。在文化差异的存在下，管理者主要为 T/J 类型，即思考型与判断型的人，依据自我世界观判断来建立规则，并倾向于管理自我和控制他人。

人格类型对管理者决策影响研究。研究结果表明，N/S 和 F/T 这些深层的人格特质更容易影响人们的信息感知、获取、分析和利用方式，进而影响决策结果。学者根据 MBTI 人格理论假设人格类型会影响领导风格，但至今对现实复杂职场的研究，还没有找到人格类型影响领导风格的方式和途径。

人格类型与团队建设的关系研究揭示了人格类型在组织中的重要作用。组织的人格类型构成通过一系列中介变量间接影响组织绩效，这些中介变量主要包括工作满意度和沟通效果等。此外，人格类型也会直接影响组织的战略管理方式。例如，具有 NT 型特质（通常指倾向于理性、分析、创新的个体）的组织更适合采用以"探究者"和"分析师"为主导的战略管理方式。在这种管理方式下，团队成员倾向于深入分析问题，寻求创新的解决方案，并通过科学的方法来验证其可行性。这种战略管理方式有助于组织在复杂多变的市场环境中保持敏锐的洞察力，抓住机遇，规避风险，从而提升组织绩效。

（二）教育领域研究

教师的人格类型分布。小学教育者集中分布于 ISFJ 人格类型，中学和高校教师以 N 型人格为主。由此得出，中学与大学教师更倾向于抽象并富于创造的教授方式。

学生专业的人格类型分布。不同专业学生确实存在典型人格类型，如技术专业学生多数分布于 ENTJ 型人格。因此，教育者需要根据学生专业的人格分布来设计教学模式。

人格类型与学生学业表现和教师教学表现的关系。学习优秀生更倾向于 P 型和 N 型；模范教师倾向于 ENFP 型人格，与普通 ISFJ 型教师相比，更善于标新立异和提倡学生表达自己观点，有利于传授知识和赢得学生的欢迎。师生间的教学风格是一致性与教学效果和评价的关系，教学风格一致程度，会通过对教学双方互动模式的影响，进而产生教学有效性和评估的差异。

三、MBTI 性格理论的维度与流程

第一，MBTI（迈尔斯-布里格斯类型指标）性格理论的维度包括以下方面：①能量获得途径：外向（E，Extrovertion），内向（I，Introvertion）；②注意力的指向：感觉（S，Sensing），直觉（I，Intuition）；③决策判断方式：思考（T，Thinking），情感（F，Feeling）；④采取行动方式：判断（J，Judging），知觉（P，Perception）

第二，虽然每个人的大脑做出决定的瞬间都要经过这四个流程，但是不同的人在其中某个环节中的倾向程度不同（也可以理解为滞留时间长短不同）：部分人更倾向停留在触觉感知环节多一些，直觉感知并不多；有些人在判断环节，更倾向停留在感性判断多一些，理性判断一带而过。

第四节　性格与职业发展

从心理学的角度来看，性格是一个人对现实的稳定的态度，以及与这种态度相应的、习惯化了的行为方式中表现出来的人格特征。态度是一个人对人、对事、对物或思想观念的一种反应倾向性，由认知、情感和行为倾向三个因素组成。因为，行为方式和情绪状态可以表明一个人在生活当中对这件事的看法，在生活中追求的方向和目标，以及最重要的部分是哪些。性格是比较稳定的，即使外在的表现方式略有差异。总体而言，"稳定的性格将体现一个人人格的社会属性，体现人与人之间的个体人格的差异性"①。

一、性格与职业的关系

部分大学生进入职场初期，不断地寻找适合自己的职业。如果一个人的职业兴趣倾向与所从事的工作岗位匹配度不高的话，很难保有持续的工作热情。即一个人的性格与职业

① 张俊亮. 了解性格，为职业发展助力 [J]. 职业教育（下旬刊），2018（02）：60.

不匹配，他不满足于当下，难以安下心来做好本职工作，更谈不上有良好的职业发展。

因此，性格决定了一个人的职业适合度，第一，职业如果能够满足偏好，符合气质，与性格匹配，则最能发挥优势。如果职业能够发挥一个人的天赋，那么在这个职业领域里他能很快地成长和发展。第二，职业幸福指数高不高。职业与性格不匹配的人，工作一段时间后，即使业务能力能够胜任，也会出现不喜欢，没有工作热情的情况。只有职业与性格匹配的人，在工作中才能体会到快乐，并将职业作为事业方向去努力。

一个人如果找到适合自己的工作，即使当下的专业知识、综合能力不够，也会以积极的态度去不断学习、训练，最终胜任工作，并且在工作岗位上得到持续的发展。所以，每个同学要立足于当下的专业学习，充分地了解自己的性格，了解自己的职业兴趣倾向，了解自己今后适应和胜任的工作方向，并进行职业生涯规划。毕业时就能够快速地找到适合自己的职业，有利于职业生涯的发展和人生的成功。

二、企业对性格的看法

如今，很多企业在招聘新人时，都会看重求职者的性格，其次才是能力和专业知识。因为，企业在多年的人力资源管理中深刻感受到，真正好用、值得培养的员工，一定是对工作抱有高度的热情，积极地投入到工作当中，把工作当成自己的事业目标去努力追求的人。而能够做到积极热情地工作，并把工作看成事业目标的人，性格跟职业一定高度匹配。

性格影响行为，行为决定成败。一个人只要性格与工作岗位匹配，即使能力不够，也可以通过培训与历练得到提高；但如果一个人的性格与职位不匹配，那就很难安心持续做好本职工作。例如，企业在招聘会计的时候，会提出求职者除了具备一定的专业技能知识，还需要具备认真、细心、负责的品格。那些能够关注细节、做事有条理、执行力强的会计专业的求职者往往容易应聘成功，并且在岗位上他们能够快速适应并胜任，工作满意度高。

因此，现在很多企业开始采用一些客观量表对求职者做性格测试，以确保在前期考核基本条件吻合的情况下，了解求职者最终是否能够胜任企业提供的工作岗位。就像职业心理学研究所表明的：性格影响人对职业的适应性，不同的性格适合从事不同的职业，不同职业对人的性格也有着不同要求。

三、性格决定职业的发展

每个人都是不一样的，不同的性格特征决定了每个人适合从事不同的职业。自己适合做什么工作，需要我们对自身的性格有着比较明确的认知。例如，有些人天生就喜欢交朋友，这种人比较适合做与人沟通的工作，如培训师、客服、教师等。

性格没有好坏之分，每种性格类型都会与一定的职业类型相匹配，匹配度高不高将决定一个人事业成功的高度。所以，职业生涯规划的第一步也是最重要的一步，就是要准确判断自己的职业性格，正确选择职业生涯发展方向。如果不清楚自己的职业性格，找了一份不喜欢、不适合的工作，那会影响一生的职业道路；或者等到发现目前的工作不适合、不喜欢而跳槽的话，就浪费了大量的时间和精力，甚至失去最佳的发展机会。

职场中不断出现大量的因为性格与职业选择不当而导致职业失败的案例，这已经成为职业人士所面临的问题，也是企业面临的一个问题。所以在进入职场之前，必须要了解自己，根据自己的性格特点选择自己最适合的职业。

第五节　大学生气质培养和人格完善

一、大学生气质培养

大学生气质的培养是素质教育的一个重要组成部分，培养大学生的高尚情操和社会责任感，培养熟知专业知识、懂相关政策法规，在外事礼仪等方面具有行为举止得体、语言文明大方的高雅气质的高素质人才，以便适应社会的需要。大学生气质培养是强调"知识服务、能力提高、人格塑造"并重的培养模式。对于提高大学生的综合素质，塑造大学生的社会公众形象，都会起到积极的推动作用。

（一）气质的解读

气质是人的个性心理特征之一，指在人的认识、情感、行动中，心理活动发生时力量的强弱、变化的快慢和均衡程度等稳定的动力特征。主要表现在情绪体验的快慢、强弱、表现得是否明显以及动作的灵敏或迟钝方面。气质是在人的生理素质的基础上，通过生活实践，在后天条件影响下形成的，并受到人的世界观和性格等控制。决定人的气质的有遗传素质因素，但更重要的是人的教育和社会生活的影响。与日常生活中的脾气、性格、性情等含义相近。

人的气质会在一个人的举手投足、待人接物之间显示出来。气质特点一般通过人们处理问题的方式、人与人之间相互交往过程等外在形式表现出来，并体现出个人典型的、稳定的心理特点。

可见，优良气质的表现形式各不相同，它不单单是要有外在的美，更应该有内在的美，它应该是以其丰富的内在素养为底蕴，加上外在形象的塑造而构成的。内在的素养是由多种因素构成的，如理想信念教养、思想道德品质、文化知识素养、反应问题的灵敏度等都是反映内在气质美的重要方面，它们构成了丰富的内心世界。如果一个人没有理想、缺乏道德，会造成内心空虚，那就无法表现出内在的气质美。而外在的气质又是通过在内在素养孕育的基础上，加上得体的行为举止、文明的语言、庄重的礼仪礼节、大方得体的着装等多方面体现出来，形成一个比较完整的优良气质形象，这就是大学生应具备的良好素质。

（二）大学生气质培养的目标

培养德、智、体、美全面发展的社会主义建设者和接班人，是对培养高素质人才提出的一个新标准。可从培养大学生的优良气质入手，既要培养学生的内在气质，又要培养学生的外在气质，这两者是缺一不可的。大学生所应具备的内在优良气质应该是：有坚定的共产主义理想和信念、高尚的道德品质、扎实的文化知识、良好的心理素质以及积极的创新精神和实践能力。外在的优良气质应该是：在待人接物、为人处世和日常外事等交往中行为得体、语言文明、礼仪庄重、着装得体大方。通过这种内在和外在的气质培养，塑造一个比较完整的优良气质形象。

（三）大学生气质培养的意义

第一，大学生优良气质培养符合教育发展方向。全面推进素质教育，大学生优良气质培养是实施素质教育的一个重要组成部分。所以，在高校进行大学生优良气质培养的研究是全面提高大学生综合素养的一项基础工程，是符合我国教育发展方向的。

第二，大学生优良气质培养符合社会发展的需要。从我国自身发展的角度来看，必须培养高素质人才。特别是当今世界，科学技术突飞猛进，知识经济已见端倪，国力竞争日趋激烈。教育在综合国力的形成中处于基础地位，国力的强弱越来越取决于劳动者的素质，取决于各类人才的质量和数量，这对于培养和造就我国一代新人提出了更加迫切的要求。从国际间的交往角度来看，更需要培养高素质人才。

随着各种国际化进程不断加快，国际间的交流越来越频繁，为了满足这种社会的需要就必须培养出能维护民族利益、具有高尚品德、扎实的专业基础知识和较宽的学科知识以及具有创新能力，懂国际事务交往的法律、法规，熟悉日常外事交往礼仪的高素质人才队伍，而大学毕业生正是这支队伍的主要力量。因此，就大学生优良气质培养这一问题进行研究是社会发展的需要。

（四）大学生气质培养的方法

大学生优良气质培养，是素质教育的基础工作，既涉及大学生内在气质的养成，又涉及大学生的外在习俗、礼节、礼仪等方面的表现能力提高；培养所得技能既符合于一般交往，又适合于外事交往；既能体现大学生所具备的民族优良气质，又能体现文化给人带来的丰富内涵，从而改变大学生中存在的一些不和谐现象。

气质的形成在不同阶段有不同的特点，所以气质培养的基本内容也会有所不同。如小学、中学、高中是孩子不同阶段的气质形成期。而大学阶段是气质培养的关键阶段，因为，这个阶段是大学生离开父母，独立的阶段，并且是走入社会的前期阶段，提供优良的气质教育，对提高大学生的综合素养是非常必要的。根据大学生的特点，高校应通过以下方式，在大学四年中对大学生进行内在和外在的优良气质培养。

第一，可以利用入学教育的机会，组织学习相关的法规性文件和材料，加强党、团课教育，学习团章和党章等基本知识，开设爱国主义教育讲座、参观爱国主义教育基地，组织收听英雄事迹报告会，学习先进人物事迹等，增强法律意识，加强爱国主义教育，培养爱国主义热情，使大学生确立远大共产主义理想与信念，增强大学生的民族责任感和确立正确的人生观、价值观和世界观。

第二，开设公德意识讲座，开展五讲、四美、三热爱教育活动，进行公德意识的教育。从而可以增强大学生的公德意识和尊他意识，使他们对社会、对他人都能赋予一种爱心，增强大学生道德修养，塑造大学生的高尚情操和优良品质，彻底改变当代一些大学生道德水准下降的现象。

第三，加强学风建设，通过完善导师制和采取任务型教学等方式，加强专业思想教育，加强在大学四年中对专业知识及相关知识的教育与指导，充分调动学生的学习积极性，使学生变被动学习为主动学习，让大学生掌握扎实的专业基础知识和相关学科知识，掌握基本技能，拓宽专业面，鼓励学生既要向专业知识纵深发展，又要向多学科知识横向发展，以提高大学生在自己所从事的相关工作中的专业应用能力。

第四，开设心理素质讲座，或有针对性地进行心理辅导，加强心理素质健康教育，消除大学生在学习、生活等各方面所遇到的心理压力，使大学生能以健康的心态对待一切事物。

第五，通过开展大学生第二课堂活动，开展文化、科技、卫生"三下乡"的社会实践活动，组织各类公益性活动及献爱心活动，给大学生提供一些展示才华、锻炼自我、提高能力的机会，培养他们的创新精神和实践能力，提高大学生的组织能力和自我管理能力，确立他们的自信心，增强其社会责任感和使命感。

第六，开展"三创一做"活动，加强校风、班风、室风建设，增强大学生的集体责任感和集体荣誉感，树立良好的班风、室风，从而秉持一个良好的校风，营造一个优美、和谐、舒适的学习、生活环境，使大学生能在这样一个健康的环境中接受应有的教育。

第七，开设日常交往礼仪、外事外交礼仪、宴会礼仪、着装礼仪等系列讲座，使大学生掌握为人处世的基本原则，在人际关系中做到行为举止得体、语言文明大方，形成相互理解、相互信任、相互协调的人际关系，从而培养既具有人格魅力，又具有高雅气质的文明大学生。

总而言之，大学生优良气质的培养，无论是从教育发展趋势、国民素质提高，还是从社会需要、大学生本身的成长与就业等方面来看都具有非常重要的意义，对提高大学生综合素质会起到非常重要的作用。因此，我们应认真研究和探索这一重要课题，共同做好大学生优良气质的培养，提高大学生的综合素质，使每个大学生都能成为社会发展需要的高素质复合型的优秀人才，为社会做出自己应有的贡献。

二、大学生人格完善

（一）大学生人格完善的特征

当代大学生处于新旧交替、中西融合的变革时代，在比较和选择中广泛吸收中西文化、传统和现代的长处，培养有利于身心健康和全面发展的人格。根据国内外学者的研究，结合大学生的特点，大学生人格完善的基本特征可概括如下：

第一，思维开阔，思想开放，尊重并愿意考虑各方面不同意见，同时富于创造性。

第二，乐于接受新思想、新观念、新生活。

第三，客观有效地认识现实、自己和他人，与周围环境确立和谐愉快的关系。

第四，言行自然、率直、淳朴，表里如一。

第五，重视现在和未来，珍惜时间，有较强的时间观念。

第六，富有自主性。具有独立于文化背景和环境之外的意志力，相信依靠自己的知识和能力，能够获得成功和发展。

第七，尊重他人，人际关系融洽，富有可依赖性和可信任性。

第八，具有民主的风度，不固执己见，具有广阔的胸襟。

第九，具有坚强的意志，能为自己的目标合理地调节、控制自己的行为。

第十，有效地运用智慧和能力，并充分发挥自己的才能，富于创造性。

大学时期是优化人格的最佳时期，经过积极实践和锲而不舍的努力，大学生是可以塑造良好人格的。人格中的性格、能力、信念等因素主要是在后天环境中形成的，只要坚持不懈地努力，这些因素都可以得到优化。

良好人格的培养是指在一定社会环境条件下，个体通过吸收一定的社会文化，经过自身主观努力和社会、学校教育的影响，使人格逐步健康化的过程。人格的形成是一个动态的变化发展过程。人格的发展经历幼儿期、少年期、青年期、中年期和老年期几个阶段，总的发展趋向是不断走向成熟。因此，人格健康化的历程也是一个变化发展、由量变到质变的过程。

就人格的发展过程而言，在进入成年期以前，人格具有很强的可塑性，通过自身的努力可以很好地改变。而当人们进入成年期以后，人格特点相对稳定，人格特点的改变、人格品质的优化都将成为很困难的事。大学时期是人格完善的最佳时期：一方面，大学生具备了成熟的自我意识，能准确认识自己人格中的长处和不足，有着很强的优化自身人格特点的需要；另一方面，大学生具有良好的自我管理、自我约束能力，能够主动采取行动，不断完善人格。大学阶段以后，人格品质相对成形，人格特点趋于稳定，人格的可塑性大大降低，人格的优化将成为困难的事。因此，大学生应抓住人格完善的关键期，积极主动塑造完美。

（二）大学生人格完善的标准

大学生人格完善的标准，具体见表4-1。

表4-1 大学生人格完善的标准

主要标准	具体内容
正确的态度	①理想远大，热爱祖国，关心社会，关心集体，遵纪守法 ②学习认真，锐意进取，勤奋刻苦，坚持不懈，勇于创新 ③自尊自信，自强自重，严于律己，正视不足，珍视生命 ④宽以待人，助人为乐，诚实正直，尊重他人，善于协作
坚强的意志	①目标明确，志向远大，信念坚定，善于计划，自觉自律 ②明辨是非，当机立断，排除干扰，不失时机，行动迅速 ③目标专一，始终不渝，知难而进，锲而不舍，百折不挠 ④自警自戒，自理自立，独立自主，控制冲动，纪律性强
积极的情绪	①乐观向上，心境良好，轻松愉快，朝气蓬勃，诙谐幽默 ②情绪稳定，合理波动，表现适当，善于控制，无情绪化 ③富同情心，善于体谅，热爱生活，情感热烈，重视友情

续表

主要标准	具体内容
健全的理智	①观察敏锐，注意集中，记忆力强，想象丰富，思维深刻 ②思想活跃，追求真理，冷静思索，善于思辨，较少盲目 ③求知欲强，虚心好学，兴趣广泛，视野开阔，乐于创新 ④集思广益，融会贯通，知识面广，刻苦钻研，举一反三
得体的行为	①谦虚谨慎，平易近人，助人为乐，见义勇为，献身社会 ②举止大方，办事利索，信守诺言，坚持原则，敢于负责 ③遵守时间，讲求效率，处事公正，知错就改，有始有终

（三）大学生人格完善的培养途径

以人格完善为基础，当代大学生应努力寻找塑造人格完善之路，不断提升自己的人格素质。以下是大学生塑造人格完善的基本途径。

1. 确立正向"三观"

确立正向"三观"即确立正向的人生观、价值观和世界观。大学阶段是人生观、世界观形成和发展的重要时期，确立正向的价值观，正向地看待世界、对待人生，实现自身的价值，对每一个人特别是大学生而言至关重要。

在大学生人格的形成中，世界观、人生观、价值观处于统领地位，影响大学生人格的形成和发展。有了正向的人生信念，人的性格就会是积极的、乐观的、向上的，就会表现出心胸坦荡，就会充满自信。相反，如果不能正向看待世界、看待人生，找不到人生的价值，就会形成消极的性格，甚至会出现人格变态。因此，大学生自身要通过学习和活动锻炼有意识地培养自身正向的世界观和人生态度。

2. 客观认识自我

人格的核心是自我意识。对自身的认识和评价与本人实际情况越接近，表现自我防御的行为就越少，社会适应能力就越强。自卑感过重或自我过于夸大的人，常会感到紧张焦虑从而导致心理问题的产生。因此，大学生应该深入了解自我，客观评价自我。总而言之，客观地评价自我、接纳自我的态度对于促进心理健康至关重要。

认识自我是改变自我的开始，为了有效地进行人格塑造，应该首先充分了解自己的人格状况，明确人格塑造的目标、内容、途径、方法。人格塑造也就是为了实现优化人格整合，达到人格的健全。整合是使人格的各个方面逐渐由最初的互不相关，发展到和谐一致状态的过程。优化的过程即选择某些优良的人格特征作为自己努力的目标，同时针对自己人格上的缺点、弱点予以纠正。

3. 设定合理人生目标

（1）所选目标要符合自身的价值观。一个人追求的东西应该和其内心的信念相吻合，否则就会产生烦恼。一切的行为都在于实现人们的价值观。

（2）设定目标要了解自身的现状。即设定目标要符合自己的实际，经过自身的努力可以达到。大学生正值年轻力壮、精力充沛的时期，充满着对未来的向往和憧憬，往往对自身估计过高，制定目标过于远大，不符合自身实际，从而在实现目标的过程中遭受挫折。因此，大学生设定的目标，既要对人生起到一定的激励作用，又要符合自身实际，若高不可攀或根本做不到，最后只能中途放弃。

（3）所设目标应该具体明确，不可过于笼统，为达到目标应有明确的计划。

（4）目标的实现应有时间限制。没有明确时间限制的目标，容易被人们用各种借口来搁置，或是因为日常事务缠身，使计划停滞不前。

（5）所设定的目标之间应该是协调的。当设定人生目标时，会有多个目标，要使这些目标之间相互协调，一个目标的实现可能会有助于另一些目标的实现。

（6）设立的目标要有一定的弹性，因为人在设立目标时很难对实现目标的条件和困难估计充分，所以应当根据行动的进展情况，调整目标，保证目标的实现。

4. 在实践中锻炼人格

实践是人格发展的必由之路。无论是知识的获取、能力的形成，还是意志的磨炼都离不开实践。人格特征都是长期实践锻炼的结果。一个人的一言一行是其人格的外化，反过来一个人日常言行的积淀成为习惯就是人格。因此，优化人格整合要从眼前的小事做起。

人格发展、塑造的过程是个体实现社会化的过程，是个体与他人、集体、社会相互作用的过程。人格是在行为中表现的，人格的完善也只有在与人交往中才能体现出来，必须发展良好的人际关系，尊重社会习俗、多与他人沟通意见、保持自尊和独立等。集体是人格塑造的土壤，通过与集体交往，自己的某些人格品质或受到赞扬、鼓励，或受到压制、排斥，从而有助于做出有针对性的调整。

大学生应积极参加各种有益身心健康的实践活动，这对于大学生人格的发展和塑造都有重大意义。大学生的实践活动是丰富多彩的，不仅有学习活动，还有社团活动、社会实践活动等，这些活动不仅丰富大学生的生活经验，增加大学生对社会的认识和了解，更重要的是这些活动能培养和锻炼大学生的性格，培养大学生良好的人格品质。

在这些活动中，大学生的智慧得到发挥，情感受到熏陶，意志得到锻炼；在活动中学会了关心社会，承担责任；培养大学生严谨治学、团结友爱等良好的态度。所以，大学时期，同学们应该尽可能多地参加各种活动，人在这一时期所参加的一切活动都将是人生最宝贵的资源，在活动中人格会得到潜移默化的锻炼和完善。

当代大学生具有竞争意识、责任意识、机遇意识、创新意识和效率意识，与人格特征联系在一起，努力将自我塑造成为符合时代要求的、具有良好综合素质的现代型人才，最终迈向人格健全和心理和谐发展之路。

5. 学习科学文化

各学科的全面发展是人格健全发展的智力基础，因为，各学科的知识同处于一个庞大的系统中，彼此之间既相互联系，又能在各自的发展中相互迁移、相互促进，换言之，有了智力基础，人格发展的速度与质量才有保证。

6. 锻炼身体

人格发展的过程是体质、心理因素与智力因素协同作用、相互促进的过程，健康的体质是人格健全发展的物质基础。一个体弱多病的人是难以发展人格完善的，拖拉、懒惰等人格发展缺陷与不坚持体育锻炼明显有关。

7. 掌握好度

凡事都有度，人格发展和表现的度是十分重要的，人格塑造过程中应把握辩证法，掌握好度，否则就会过犹不及，适得其反。具体而言，应该自信而不自负，自谦而不自卑等。度的把握还表现在不同人格的协调发展，这样才能形成合理、和谐的人格结构。

第五章 大学生人际关系心理

第一节　人际关系基础

在人们的物质交往与精神交往中发生、发展和确立起来的人与人间直接的心理关系，叫作人际关系。人际关系是社会关系的一个侧面，其外延很广，包括朋友关系、夫妻关系、亲子关系、同学关系、师生关系、朋友关系等等。它受生产关系的决定和政治关系的制约，是社会关系中较低的关系；同时，它又渗透到社会关系的各个方面之中，是社会关系的"横断面"，因而又反过来影响社会关系。人际关系对群体内聚力的大小，心理环境的好坏有直接重要作用。人际关系的形成包含着认识、情感和行为三种心理因素的作用。认知成分包括对他人和自我的认识，是人际知觉的结果。情感成分是指交往双方相互间的在情绪上的好恶程度及对交往现状的满意程度。还包括情绪的敏感性及对他人、对自我成功感的评价态度等等。行为成分主要包括活动的结果、活动和举止的风度、表情、手势以及言语，即所能测定与记载的一切量值。在这三个因素中，情感因素起主导作用，制约人际关系的亲密程度、深浅程度和稳定程度。可见，情感的相互依存关系是人际关系的特征。

一、人际关系的产生与发展

人际关系实质上是人与人之间情感、信息和物资交换的过程，在这一过程中，人际吸引是人与人之间确立交往关系的基础。

（一）人际吸引的前提

人际吸引（Interpersonal attraction）是人与人之间的相互接纳和喜欢，一是信仰与利益和自己相同；二是有技术，有能力，有成就；三是具有令人愉快或崇敬的品质；四是自我悦纳。心理学家通过广泛研究后认为，人际吸引的前提主要是相互熟悉、吸引人的个人特征、互补与相似等。

1. 相互熟悉

在日常生活中，人们更多地将喜欢的情感投向周围与自己有直接交往的对象，并在其中选择交往或合作的伙伴，自然而然地相互接触。彼此之间存在交往的可能性，这就成了人际吸引的前提条件。人际关系的由浅入深也正是由相互接触与初步交往形成的。熟悉本身就可以增加一个人对某个对象的喜欢。

另外一点是熟悉与喜欢对象的性质。熟悉不是引起喜欢的唯一变量，但熟悉可以增加人们对某一对象的喜欢程度。熟悉使人们更容易辨认事物，学习过程本身改变了人们辨认事物和对其进行分类的能力，这种改变使人变得更为积极。

2. 吸引人的个人特征

（1）才能。人们对有能力的人的态度往往出人意料。表面上似乎在其他条件相等的情况下，一个人能力越高，越完善，就越能受到欢迎。实际上，研究结果表明在一个群体中最有能力，最能出好主意的人往往不是最受喜爱的人。才能与被人喜欢的程度在一定范围内成正比，超出这个范围，可能会产生逃避或拒绝任何一个人的心理。因此，一个才能出众但偶尔犯点小错误的人在一定程度上比没有错误的人更受欢迎。

（2）外貌。大量的研究表明，外貌具有辐射作用，外貌魅力会引发明显的"辐射效应"（radiating effect），使人们对高魅力者的判断具有明显的倾向性。大学生组织的集体活动中，那些最先受到关注的学生总是在同等条件下具有外貌吸引力的人。值得重视的是，人们对美貌的人的其他方面会给予积极评价，但如果人们感到有魅力的人在滥用自己的美貌时，反过来会倾向于对其进行严厉的批判。

对于外貌美的标准也存在文化差异、时代差异、个体差异与关系差异。外貌美的人，给人以很强的刻板印象。大多数学生对外貌好的人给予较高的评价与预测，人们一般觉得外貌好的人聪明、会交际、能干等。

3. 互补与相似

当交往双方的需要和满足途径正好成为互补关系时，双方之间的喜欢程度也会增加。大学生中，外向型性格的人喜欢与内倾性格的人友好相处，相互欣赏；家庭经济条件优越的学生会欣赏那些克服困难求学的学生，依赖性强的人更愿意与独立性强的人交朋友等。

相似有着重要的意义，在日常生活中，共同的态度、价值观与兴趣，共同的种族、国籍，共同的文化背景，共同的教育水平、社会阶层，乃至共同的遭遇、共同的疾病等都能在一定条件下，不同程度地增加人们的相互吸引程度。

从表面上看，互补与相似是矛盾的，但实际上，二者是协同的。确立在态度与价值观上一致性的互补与相似有着重要意义；在互补涉及人际吸引中关键因素和社会角色相互对应时，互补比相似更重要。相似导致吸引有以下原因：

（1）人们愿意与和自己相似的人交往，即物以类聚，人以群分。相似使人们更加相互理解，有共同语言，体现在大学新生中则是老乡之间的亲近感，相同家庭背景的学生之间多一些共同语言。

（2）相似的人可以为我们的信仰和态度提供支持，使我们感到自己不是孤立的而是有社会支持的。相似者为我们提供了社会证实的作用。在大学，共同的兴趣爱好成为学生交往的重要因素，而志同道合更容易成为知己；相反，对于在重要问题上意见不合的人，我们可能会对其人格做出负面推断。

（3）人们以为与自己相似的人会喜欢自己。人们倾向于喜欢与自己相似的人，因此，形成了良性循环。

（二）人际关系的进展

人际关系主要有两个维度：①交往的广度，即交往或交换的范围；②交往的深度，即交往的亲密水平。关系发展的过程是由较窄范围内的表层交往向较广范围的密切交往发展的。人们根据对交换成本和回报的计算来决定是否增加对关系的投入。

1. 人际关系的阶段

良好的人际关系的发展，一般经过四个阶段：定向阶段、情感探索阶段、情感交流阶段、稳定交往阶段。

（1）定向阶段。在人际关系中，交往的对象具有很高的选择性。进入一个交往场合时，人们会选择性地注意某些人，而对另外一些人视而不见，或只是礼节性地打个招呼。对于注意到的对象，人们会进行初步的沟通，这些活动，就是定向阶段的任务。在这个阶段，人们只有很表层的自我表露，如谈自己的职业、对最近发生的新闻事件的看法等。

（2）情感探索阶段。在定向阶段，双方有好感，产生继续交往的兴趣，可能有进一步的自我表露，如工作中的感受等，并开始探索在哪些方面双方可以进行更深的交往。这时，双方有一定程度的情感卷入，但是还不会涉及私密性的领域。双方的交往还会受到角色规范、社会礼仪等方面的制约，比较正式。

（3）情感交流阶段。如果在情感探索阶段双方能够谈得来，确立了基本的信任感，就可能发展到情感交流的阶段，彼此有比较深的情感卷入，谈论一些相对私人性的问题，如相互诉说生活中的烦恼等。这时，双方的关系已经超越了正式规范的限制，比较放松，有不同意见也能够坦率相告。

（4）稳定交往阶段。情感交流能够在一段时间内顺利进行，人们就有可能进入更加密切的阶段，双方成为亲密朋友，可以分享各自的生活空间、情感等，自我表露更深更广，相互关心也更多。

2. 亲密度减弱的原因

（1）空间上的分离。交往的一方迁徙到别的地方，虽然分离的双方可以通过书信、电话等形式保持联系，但是即使最现代的通信工具也取代不了面对面交往。

（2）新朋友代替了老朋友。

（3）逐渐不喜欢对方行为上或人格上的某些特点。一方面个人的喜好标准可能发生变化，另一方面，交往中可能发现对方的一些新的特点，而这些特点是另一方不喜欢的。

（4）交换回报水平的变化，即一方没有按照另一方所期望的水平给予回报。

（5）妒忌或批评。

（6）对与第三方的关系不能容忍，在亲密关系中，这一点比较突出，因为亲密关系，尤其是异性之间的亲密关系往往有一定程度的排他性。

（7）泄密，即将朋友之间的秘密透露给其他人。

（8）无论大小事，对方经常需要主动帮忙。

（9）没表现出信任、积极肯定、情感支持等行为。

（10）一方的"喜好标准"发生了改变。

二、人际关系的意义与原则

（一）人际关系的意义

进入大学之后，大学生们面临着新的环境、新的群体，重新整合各种关系，处理好人际关系便成为他们新的生活内容。良好的人际关系不仅是评估大学生心理健康水平、社会适应能力的重要指标，也是奠定其今后事业良好发展与人生幸福的基石。人际关系具有以下四方面的意义：

第一，人际关系是促进大学生身心健康的有效方式。大学生正处于青年时期，此时正是人生的黄金时代，在心理、生理方面逐步走向成熟，并且逐渐社会化。每个人都渴望拥有真诚友爱，人际关系的愿望较为强烈，希望能够通过人际关系获得助益，满足自己的物质需要和精神需要。

第二，人际关系可以促进大学生认识自我、完善自我。在人际关系中，通过与其他人进行比较，可以帮助大学生提高对自己和他人的认识。在交往中"以人为镜，可明得失"。

大学生通过广泛的人际关系，能促进自我发现、自我反省，磨砺性格，砥砺品行，以完成对自我的认识，通过观察分析对方的言谈举止以认识对方。同时，又在对方对自己的反应和评价中了解自己。

第三，人际关系是大学生的社会化进程的必要前提。人的社会化过程是一个漫长的不断发展的过程，人际关系是个人社会化的起点和必经之路。我们必须清楚地认识到，个体是在人际关系中不断成长、发展和成熟起来的，在此过程中我们要学习文化和生存技能，及社会知识、社会规范要求的各种素质，从而获得社会生活的资格。如果没有与其他人的交往，是无法完成这个过程的。

第四，人际关系是大学生实现个性全面发展的重要手段。人的个性除了受先天遗传因素影响外，更重要的是后天环境的影响。大学生的交往环境是个性形成、发展和完善的直接条件。心理学家的研究发现，如果一个人能够长期生活在友好和睦的人际关系中，就会性格开朗，在对待人和事物时乐观、积极、主动。反之，如果一个人长期缺乏与别人的积极交往，缺乏稳定而良好的人际关系，这个人往往就有明显的性格缺陷。

（二）人际关系的原则

大学生只有发展积极的人际关系，才能在交往中收到良好的效果，从而建立良好的人际关系，要实现这一目标，就必须遵循人际关系的基本原则。

1. 真诚

真诚，是大学生友好交往的基础，也是大学生人际关系得以延续和深化的保证。真诚就是真实、诚恳、没有虚假。只有彼此真诚，才能相互理解、相互接纳、相互信任，就是用真诚去打开人际关系对象的心灵之门。

真诚待人者必被人待以真诚。真诚与人交往，就可以充分认识、发掘别人的长处，不会计较别人的短处和不足；就能以公平的心去评价和判断事物，有助于自己的发展和完善。我们把真诚赠予人，自己不但没有失去，反而会得到别人的真诚。

真诚固然很好，固然必需，但是培养起来却颇不容易。人常被各种利害关系和感情左右，这是人性的弱点之一，克服起来非常困难。要培养真诚，就要从日常的生活中做起，时时事事检点自己是否感情用事，是否本位主义，是否具有理性，经常反省自己的言行，不断培养和提高。

在人际关系的实践中，人们还容易犯一个错误，就是希望他人真诚可信，却常常忽视了自己的真诚。例如，部分大学生交朋友，常常要求朋友对自己坦诚相待、袒露心扉，否则就认为朋友不够真诚，但是自己却从未向朋友打开过心灵之门，这样的交往关系，永远难以深入。

2. 尊重

尊重是平等原则在人际关系中的体现，尊重包括自尊和尊重他人。自尊就是在各种场合自尊自爱，维护自己的人格；尊重他人就是重视他人的人格、习惯与价值，不伤害他人的自尊，承认人际关系中双方的平等地位。

尊重是大学生交友的重要保证，是达到交往效果的桥梁。在人际关系中，虽然交往双方由于主客观的原因，在气质、性格、能力和知识等方面均存在差异，并因社会分工的不同而具有不同的身份，但在人格上则是平等的。尊重人格是平等的基本要求，只有尊重他人，才能得到他人的尊重，尊重自己的同时也体现了对他人的尊重，二者是相辅相成的。所以，尊重他人，不伤害他人的自尊，是人际关系中的根本原则。现在的大学生，强调自己的个性，好胜心极强，这样容易伤害朋友、同学的自尊。

在人际关系中，有的大学生往往要求别人尊重自己，自己却不懂得尊重别人，这样既伤害了他人的自尊，也是不尊重自己的表现。要做到尊重他人和自尊，就应当平等待人，尊重他人的劳动，树立良好的人际形象，懂得欣赏别人，把别人当作有价值的人来对待，乐于与人相处，有责任感，懂得自我反思，不夸张自大，不自以为是。

3. 宽容

在与人相处时，应当严于律己、宽以待人，接受对方的差异。交往中，对别人要有宽容之心。另外，要有宽容之心，还须以诚换诚、以心换心，善于站在对方的角度去理解对方。

4. 换位

在交往中，要善于从对方的角度认知对方的思想观念和处事方式，设身处地体会对方的情感和发现对方处理问题的独特个性方式等，从而真正理解对方，找到最恰当的沟通和解决问题的方法。

三、人际关系的特征与分类

（一）人际关系的特征

"大学生人际关系的特点是由大学生自身的条件和所处的环境决定的"[①]。就自身条件来说，大学生文化层次相对较高，正处于生理和心理日趋成熟的发展阶段，处于世界观、

[①]梁丽娟，杨清荧. 大学生心理健康［M］. 延吉：延边大学出版社，2017：141.

人生观和价值观的确立阶段；就所处环境而言，大学生学习、生活在高等学校，这是一个与社会既相对"隔离"又在本质上紧密联系，既传承人类的悠久文明，又涌动着创新思想的教学科研场所。这两方面的特殊性决定了大学生的人际关系具有以下鲜明的特性：

第一，平等意识强。大学生随着自我意识的发展，独立和自尊的要求日益增强，于是产生了强烈的"成人感"，对交往的平等性要求越来越高。既对他人平等相待，又希望他人对自己也一视同仁。所以大学生更多地选择与同辈交往而远离父母，经常回避居高临下的教训，渴望平等交往。而那些傲慢无礼、不尊敬他人的人常常不受欢迎。期待交往双方真诚、坦率、心理相容、彼此尊重。

第二，单纯性的特征。大学生的交往动机比较单纯，大部分学生的交往功利色彩较少，感情色彩浓厚。交往显得真诚、自然。造作、虚伪和世故的交往为大学生所不齿。

第三，高期待感与高挫折感。大学生的人际关系具有浓厚的理想色彩，比较重思想，纯洁真诚。无论是对朋友，还是对师长，都希望不掺任何杂质，以理想标准要求对方，期待值很高，一旦发现对方某些不好的品质就深感失望。与其他人群相比，大学生人际关系的挫折感较强，致使大学生中出现渴求交往和自我封闭的双重性。

第四，人际关系的迫切性。大学生随着知识的增长、心理的逐步成熟，成人感也日益增强，加之进入一个全新的人际环境，所以他们迫切希望别人了解自己，渴望得到他人的尊重和承认，急于了解他人和社会，因此，大学生对于人际关系的建立抱有积极良好的愿望。

第五，人际关系的理想性。大学生正处于爱幻想的年龄，由于心理尚未完全成熟，社会阅历有限，也由于家庭、社会及客观环境对人的限制，所以，不可能全面接触社会，全面了解现实的"人"，易于产生理想化的思维定势。因此，大学生在交往的过程中，往往先在自己的头脑中塑造好一个"模型"，然后根据这个"模型"到现实中寻找知己，所以大学生的人际关系总流于理想性。

第六，人际关系对象的易变性。大学生由于心理不完全成熟，情绪不稳定，做事较易冲动，加之生活的领域不断拓宽，因而在选择交往对象上就表现出明显的易变性，这种易变性与大学生人际关系的理想性相关，从而体现出其人际关系的不成熟，同时这种易变性也使大学生有可能在较短的时间内接触大量的新人新事，在人际关系的挫折中不断反省、提高。

第七，人际关系的不成熟性。人际关系的不成熟性主要表现在两个方面：①行为上的不成熟，如交往技巧缺乏，交往过程庸俗化等；②心理上的不成熟，如过分关注自我需要和形象，或自卑，或自负等。

（二）人际关系的分类

1. 依据人际关系建立的动因分类

依据大学生人际关系建立的动因，可将其划分为以下四种类型：

（1）血缘型。血缘型人际关系是大学生的一种天然人际关系，他们与父母、姑舅等亲属的关系均属于此类。

（2）地缘型。地缘型人际关系主要指大学生因地域相同的缘故而结成的人际关系。最为常见的一种形式是同乡会，它在刚入学的新生中尤为突出。每当新学期伊始，大学里的同乡会就十分活跃，老生们忙忙碌碌地查找新生同乡，在开学后几天就开始张贴海报，举行同乡聚会，所谓"三秦子弟""江淮儿女"等济济一堂。同乡会总能使新生们在异地感到乡情的温暖。

（3）业缘型。业缘型人际关系指大学生以所学专业为纽带形成的人际关系。包括师生关系、同班同学关系、同系或同院同学关系、校友关系和同专业的校际同学关系等。同班同学关系是大学生业缘人际关系中最主要的关系，由于朝夕相处，不仅有认识上的深刻了解、情感上的深厚联系，也有业务上的合作与竞争，因此，这种关系大多都保持终身。对成年人而言，同事、同行关系都属于业缘关系。

（4）趣缘型。趣缘型人际关系指大学生以兴趣为主而结成的人际关系。大学生对学业的共同追求、业余文体生活的共同爱好，都能导致相互之间志趣相投。从对政治的理解、对经济的看法，到对绘画、音乐、电影和体育等各种爱好见解的相似性，都会使双方感到欣悦。尤其在事关切身利益的重要问题上态度相同，则更是如此。观点、意见和态度的趋同，可以使交往双方进一步加深好感，相互欣赏对方，乐于与对方协调行为，进而倾心、深入地与其交往，使友谊加深。趣缘型人际关系专指业余兴趣形成的人际关系，像诗社、剧团、球类的各种团队，棋类、武术的各种协会等。同时，专业兴趣所促成的业缘人际关系也属此列。趣缘型的人际关系在大学生中是相当常见的交往类型。

2. 依据人际关系的对象进行分类

依据大学生人际关系的对象不同来分类，可将其分为以下五种类型：

（1）教师。辅导员、班主任是和大学生接触最多的老师。他们与学生的关系平等，会像朋友一样与学生交流思想、促膝谈心，并参与班级组织的各项文体活动。

由于面对不同班级的学生，学生数量多且流动性大，一般情况下，任课教师上课来、下课走，只在其授课时间与学生接触，切磋学问，探讨问题，接触机会相对较少，因而，师生间一般是单纯的教学关系。此外，大学生自主意识增强，对教师的授课质量有更高的希望和要求，经常会对教师的教学内容、方法、工作态度进行评价，更愿意与学术水平高、教学态度好的教师接触，由衷地敬佩甚至崇拜这些教师。

管理学生的行政人员、服务学生的学校职工等也是大学生经常要面对的人际关系对象，如宿舍、图书馆的管理人员等。与师生关系不同，这些交往的顺利进行，必须建立在大学生自觉遵守相应的规章制度的基础上，否则大学生的行为就会受到批评和制约。

（2）同学。大学班集体由有着不同地方语言和生活习惯的大学生组成，同学间的交往情况发生了重要的变化。一方面，入学初期，大多数学生是从中学校园直接走进大学校园的，社会阅历浅、思想单纯，相互之间能够自然地产生纯朴的"同窗"情谊，形成友好的同学关系；另一方面，随着相互交往和了解的深入，不同的地域出身、生活习惯，甚至不同的方言，都有可能成为继续交往的障碍，而大学生在学习、课余活动等方面的激烈竞争中，夹杂着利益冲突，容易对相互间的正常交往造成影响，有些人因此开始逃避与周围同学的交往。但是，大学生远离了家人的呵护，独立生活，许多人际关系不再是可有可无的，不再可以任性、随意，特别是同宿舍的同学，朝夕相处，大家必须遵守共同的规则，必须学会彼此尊重，学会与性格、生活习惯不同的人友好共处，否则必然会感到孤独。

在大学校园里，很多新生都热衷于找同乡，与居住地相同或相近的学生进行交往成为大学生交往不可或缺的一个方面。共同的乡音俚语、饮食习惯，很容易把不同专业、不同年级甚至不同学校的大学生们联系起来，大家一起交流大学生活经验，减轻心理震荡，获得情感共鸣，摆脱暂时的孤独和对家乡的思念。但只热衷于同乡间的交往，是单调的，因为人际关系是复杂的，形式可以多种多样，唯此才能有利于自身的成长。因此，大学生需要与老乡交往，但不能局限于与老乡的交往，否则就会造成一定程度的封闭，减少与其他人交流的机会。

（3）父母。大多数的大学生觉得自己长大了，会有意识地、积极地调整心态以适应新的环境。他们能体谅父母对自己思念的心情，因此他们会通过书信或电话及时、主动地向父母汇报自己的学习和生活等情况，和父母加强思想感情的交流。

部分同学因家境困难，很体谅父母的辛苦，进入大学就开始勤工俭学，经济上逐步独立，不仅减轻了家里的负担，甚至有时还给家里一定的帮助。部分平时对父母依赖性很强的学生会非常想家、想父母，而且经常抽空或逃课回家，甚至有的要退学回家，这类大学生的情绪常常会影响父母，只能让父母心中更加牵挂。因此，大学生应经常与自己的父母保持感情的沟通和联系。

（4）社会。在大学阶段，对大学生的人际沟通能力有了更高的要求。就业压力日益增大的大学生们，要想在激烈的竞争中脱颖而出，找到理想的工作，较强的社会交往能力是必不可少的条件。大学生扩大社会交往的方式多种多样，如加入学生社团，参加社会公益活动、勤工助学等积极健康的社会实践活动。通过参加这些活动，大学生们既可以增加对社会的了解，也可以扩大社会交往的范围，还能够提高自己独立谋生的本领。

但需要注意的是，在如何对待社会交往的问题上，应注意避免两种倾向：一是社会交往活动多、频率高，盲目进行交往，结果毫无选择的社会交往严重影响了学习；二是社会活动、社会交往过少，只管埋头读书，注重了书本知识的积累，却忽视了对实践能力的培养。

现代大学生要善于在各种社会交往中培养自己的亲和力，掌握与不同类型、不同层次的人交往的技巧、方法，为自己营造一个和谐的人际环境；同时，社会毕竟是复杂的，思想单纯、阅历不深的大学生们要有自我保护意识，谨慎与人交往，以免上当受骗。

（5）网络。网络拓展了人类交往的空间，网络交往已经成为一种重要的新型人际关系方式。

一般情况下，网络人际关系对大学生来说具有双重效应：一方面是积极影响，有的大学生通过网络交往结交了许多朋友，获取了很多有价值的信息，开拓了思路，使自己受益匪浅；另一方面是消极影响，一些大学生患上了网络人际依赖症，他们将虚拟当作了现实，过度热衷于网络交往，过分沉迷在网络上。

第二节　大学生人际关系存在的障碍

一、大学生人际关系存在的不良障碍

同学是大学生人际关系的主要对象，大学生的人际关系，最基本、最常见的就是同学关系。"同学关系是大学生人际关系的主要内容。"[1] 在大学生中也有一些不良的人际关系。

（一）不良的宿舍关系

大学生人际关系的密切及融洽程度是以时空的接近为主要参照系的。一方面，时空接近为人际关系提供了便利，是人际关系形成和发展的必要条件，也是产生亲密人际关系的

①梁丽娟，杨清荧. 大学生心理健康［M］. 延吉：延边大学出版社，2017：145.

必要条件；另一方面，时空接近，难免产生利益冲突，形成人际关系中的心理紧张状态，从而造成疏离的人际关系，乃至人际相处障碍。大学生的同室关系是时空充分接近的人际关系，也是纠纷、矛盾相对集中的人际关系。个体的行为习惯，人格特征在同室关系中彻底呈现出来，在这些方面存在较大差异的大学生之间就不可避免地产生矛盾和紧张关系。例如，迟睡和早起的同学与入睡困难的同学之间，喜欢热闹气氛的同学与喜欢安静环境的同学之间，会产生相互误解、反感和敌视。住在上下铺的同学之间更容易出现矛盾。有的同学不喜欢别人坐自己的床铺，有的同学不喜欢别人用自己的东西，如果某些同学注意不够，就容易引起不愉快。

（二）不良的人际圈

大学生根据各自的兴趣、爱好不同，结成明或暗的人际圈。同学之间有亲疏之分，有好朋友和一般朋友之分。这些交际圈总体来讲可以分为学习型、娱乐型等。圈子内的同学，一般为了共同的目标和方向，通过交往拉近感情距离，形成关系都较为密切。但也有一些大学生，既不能和宿舍的同学和谐相处，又徘徊于社交圈子之外，在学校里没有知心朋友，没有可倾诉心里话的同学，感到孤独、寂寞，又不知如何排遣。

（三）不良的交往场面

大学生在交往过程中，最常见的有两种情况：

第一，和陌生人相处时，由于彼此之间缺乏了解，不知道应该说些什么，或者没话找话，感觉非常不自然，相处的状态非常尴尬。

第二，和异性交往的尴尬。换言之，大学生都有与异性交往的强烈需要和真实愿望，能够轻松自然地同异性交往是一个大学生人际关系能力的重要体现，也是个体心理健康的重要方面。大学生主要的交往问题中就有与异性之间的交往障碍。在人际关系中，存在性别效应，尤其突出的是个体格外看重自己在异性心目中的形象，所以，自己的缺点或弱项可以在同性面前暴露，却不能在异性面前暴露，甚至不惜为保全面子而避免或减少与异性的接触和交流。异性交往，还会有意或无意地联想到彼此之间可否发展成恋人关系，从而更加增添心理负担，使正常的异性交往变得各怀心事。

（四）不良的交往问题

大学生人际关系包括人际相处和人际关系两个方面，对应地，大学生人际关系障碍也涉及两种类型，人际相处问题和人际关系问题。

1. 人际相处问题

大学生的人际相处问题是指大学生在日常生活中难以与周围他人和谐共处，较多体验到负性情绪，明显地影响人际双方正常生活的一类现象。这种问题的心理危害性很大，能够顽固地折磨个体，造成多种神经症或心身疾患。从相处问题的严重程度，由轻而重分为人际失谐（人际紧张）、人际敌视（人际僵局）、人际冲突（或称人际争斗）。

（1）人际失谐（人际紧张）。由于言谈举止、行为习惯等方面的差异而使大学生在相处时不能彼此接受、悦纳对方的情形，称为人际失谐。个体能够感到自己的人际关系有点不正常，人际张力增大。处于失谐状态的人际关系，只要双方适当改变自己的某些方面，就可能缓解紧张，恢复和谐的人际关系。不过，人际失谐的原因有时是比较隐蔽的，人际双方都不清楚如何调整自己，从而使紧张持久地存在着。人际失谐的个体之间仍然可以有人际关系，但交往频率降低。

（2）人际敌视（人际僵局）。处于人际失谐的个体，由于没有及时解决相应的问题，使人际紧张进一步发展，当人际张力增大到某一程度时，就形成了人际敌视。如果人际紧张还好调整的话，那么人际僵局就较难改善。这种敌视成了人际双方顽固的情感与态度的定势，一方弥散性地敌对、仇视；另一方不肯化解。处于人际僵局的个体之间几乎不再有人际关系。大学出现人际敌视的情况虽然相当少见，但其危害性较大，甚至使整个集体的人际关系变得不和谐。

（3）人际冲突（人际争斗）。人际相处障碍的最高表现形式是人际冲突。即双方在言语、行动上直接而强烈的对立，乃至殴斗。虽然人际冲突具有突发性，出现的频率也不高，但是相处中的人际冲突是在人际失谐或人际敌视的基础上，由于某种当前的因素引发的。发生冲突时，个体的理智感受下降，容易做出极具伤害性的事情，从而长久地留下心理创伤或生理损害。

2. 人际关系问题

人际关系问题是指大学生在现实生活中无法按照自己的意愿与别人进行必要的交流与沟通，个体为此感到苦恼，明显地影响个体正常生活的一类现象。这种问题不但影响个体的人际状况，而且使个体的整个精神方面都受到消极影响，产生自卑、孤独、自负等情感。交往障碍也不同程度地存在，从轻到重可分为人际羞怯、人际恐怖、人际逃避。

（1）人际羞怯。个体在许多活动中习惯性地出现紧张反应，如脸红、结巴，特别是面对一些特殊人物时更是如此，从而造成个体不愿意积极交往的现象，称为人际羞怯。这是大学生交往障碍中最轻微的一种。人际羞怯使个体在某些人际关系中失去主动性，也不能充分利用交往机会发展自己和满足自己的需要。人际羞怯具有情境性，脱离了交往情境羞怯反应就自行消失。这种障碍虽然阻抑了个体的交往，换言之个体在交往中不自在，但是，个体仍然可以面对和应付人际关系。

（2）人际恐怖。个体在交往活动中经常性地惊慌失措、局促不安、无所适从、自我迷失的现象，称为人际恐怖，这是比人际羞怯更严重的一种交往障碍，个体几乎无法进行交往活动。人际恐怖使个体极其敏感于交往，并且产生泛化，进一步加重人际关系障碍。人际恐怖的症状是由他人反应而自己感到强烈的不安与心理紧张。由于害怕别人知道、担心被他人厌恶而感到不安，总想躲避别人。想和同学一起交往，参加一些集体活动，却从来不敢，怕被别人发现。一方面怀着努力进取的愿望，同时又怀着逃避这种状况的心情，这两种心理纠缠在一起，不安、紧张的心理愈益加强，从而表现为害羞、震颤等身体症状。被内心的不安所支配，总以为被别人看穿，别人会看不起自己，从而使自己陷入极度自卑与悲观。

（3）人际逃避。人际逃避有两种情感：其一是人际恐怖的直接结果，即个体不敢面对人际关系的情境，亦称社交恐惧症；其二是个体敏感，厌恶某些人际情境而不愿介入。就后一种而言，个体阻断了信息交流与情感沟通，限定了自己的人际范围，容易造成人际匮乏，产生孤独或自负情感，不愿面对现实，是一种非常消极的表现。

二、大学生人际关系的心理交往障碍

大学生交往心理障碍是指影响大学生人际关系正常进行的不良心理因素。有些大学生在人际关系中并不是没有遵守交往规范，也不是不懂人际关系技巧，而是不敢交往、不愿交往、不能交往，这就属于交往心理障碍。造成大学生交往障碍的原因从心理方面而言，分别是认知、情感、人格等因素。

（一）由认知引起的交往障碍

大学生的自我意识迅速增强，但其社会经历的有限性，心理上的不成熟使其不能全面了解一个人的整体面貌，对人的认知往往带有理想化色彩。这主要表现在以下方面：

第一，首因效应。首因效应也称第一印象效应，是指在特定条件下最先出现于认知者视野中的信息在形成印象时占优势。在初次交往中，彼此的第一印象都很重要，双方会根据彼此的外貌、表情、谈吐等作出认知，形成印象，因而容易以貌取人，使认知具有表面性和片面性。在以后的交往中，第一印象会先入为主，忽视、否定出现的新信息，影响交往的正常进行。

第二，晕轮效应。晕轮效应是指仅依据某人身上一种或几种特征来概括其他一些未曾了解的人格特征的心理倾向。晕轮效应是一种明显的从已知推未知，由片面看全面的认知现象，往往会歪曲一个人的形象，造成交往的异常，导致交往障碍。

第三，刻板印象。刻板印象表现为把交往对象机械地归入某一类群体，并把自己对该类群体的习惯化认知放在交往对象身上。刻板印象使我们对每一类人都有一套固定看法，而这些看法具体到某人时未必正确。刻板印象虽有积极的认知作用，但会造成对交往对象的偏见，影响人际关系发展。

第四，投射效应。把自己所具有的某些特质强加到他人身上的心理倾向，就是指内在心理的外在化，即以己度人，把自己的情感、意志、特征投射到他人身上，强加于人，认为他人亦如此，对他人的情感、意向做出错误评价，歪曲他人，造成交往障碍。

第五，自我评价不当。这在大一新生中表现得比较突出。每一个人到了一个新的环境，都面临着重新认识自己，重新为自己定位的课题，由于信息和客观环境的限制，自我评价失之偏颇。

（二）由情感引起的交往障碍

人际关系是一种人与人之间心理沟通和情感行为上的影响，突出的是人与人之间彼此情感关系及心理距离的远近。情感成分是人际关系的主要特征，对人的情感好恶决定着交往者今后彼此间的行为。因此，人际关系的情感障碍也很常见。主要表现在以下方面：

第一，嫉妒。嫉妒是指在意识到自己对某人、某物品的占有或占有意识受到现实的或潜在的威胁时产生的一种心理体验。嫉妒可使人产生痛苦、忧伤，甚至产生攻击性言论和行为，从而导致人际冲突和交往障碍。

第二，恐惧。心理学上恐惧是指对常人不怕的事物感到恐惧，或者恐惧体验的强度和持续时间远远超出常人的反应范围。大学生的恐惧范围是多方面的，包括身体和社会心理方面，如害怕学业不佳等。恐惧使一个人的生活暗淡失色，会带来一系列不良的心理反应，容易拉大自己和周围人的心理距离。

第三，异性交往困难。异性交往本来是很正常的社交活动，但有一些学生在不良心理因素的作用下，与异性交往时总感到要比与同性交往困难得多，以至于不敢、不愿，甚至不能和异性交往。还有一些大学生主要因为不能正确区别和处理友谊与爱情的关系，划不清友情与爱情的界限，从而把友情幻想成爱情。大学生本来就处于一个情愫迸发的年龄段，对异性的渴望本是正常的事，但如果处理不当，会直接影响大学生的正常学习和生活。

第四，愤怒。是指以一种强烈的冲动来表达情绪的心理倾向。愤怒这种方式对人际关系具有极大的破坏性。

（三）由人格引起的交往障碍

由人格方面的原因而导致的交往障碍，也是常见的交往障碍。所谓人格主要指人在各种心理过程中经常地、稳定地表现出来的心理特点，包括气质、性格等。人格的差异可能造成交往中的误解、矛盾与冲突，人格不健全则可直接造成人际冲突，具体从以下方面进行探讨：

第一，自卑。自卑是指自我评价低。在交往中，自卑表现为缺乏自信，自惭形秽，因惧怕出丑、受挫或遭他人耻笑，难以主动与人交往，因而常将交往的圈子限制在狭小范围内。

第二，害羞与孤僻。过分的害羞使大学生在交往中大大约束自己的言行，不能有效表达自己的情感和意愿，与人无法沟通，妨碍人际关系。害羞的主要类型有气质性害羞（生来内向）、认知性害羞（过分关注自我、患得患失）、创伤性害羞（经历挫折，变得小心）。孤僻也会导致与人无法交往，具体表现为自命清高，不合群；或由于行为习惯上的某种怪异使人难以接受，在心理与行为上与他人有着屏障，自己将自己封闭起来。

第三，鲁莽。言行举止具有冲动性，不是理智上深思熟虑的结果。因此，在恰当性和分寸感上把握得不好，容易伤及别人而招致不满，有时还可能造成严重后果。

第四，人格偏执。表现为极度的感觉过敏，对侮辱和伤害耿耿于怀；思想行为固执死板、心胸狭隘，对别人获得成就或荣誉感到紧张不安；同时又很自卑，总是过多过高地要求别人，但从来不信任别人的动机和愿望，认为别人存心不良；不能正确、客观地分析形势，有问题易从个人感情出发，主观片面性大；如果建立家庭，常怀疑自己的配偶不忠等。人格偏执的人在家不能和睦，在外不能与朋友、同事相处融洽。

三、大学生人际关系障碍的影响因素

（一）心理认识影响

第一，认识上的误区。大学生的人际关系不能顺利地展开，与缺乏主动性有关，而主动性缺乏，又与认识上的误区有直接的关系。一些人只是被动地等待别人来和自己交往，失去了许多宝贵的交往机会，这样就不能打开人际关系的局面，当然也就不能锻炼交往的能力了。

第二，人格上的缺陷。人际关系中，人格因素有至关重要的作用。人格是指在心理过程中经常地稳定地表现出来的心理特点。不良的人格特征容易给人不良的印象，产生不愉快的体验，甚至产生一种不安全感。影响交往的一些常见的不良人格因素有虚伪、自私自利等。

第三，失败的体验。有的大学生不能正常地与人交往，是由于曾经在交往过程中遭受过某种挫折，或有过交往的伤害性体验，这种体验印在脑海里，并产生条件反射，形成不敢面对交往情境，害怕受到伤害，在交往中表现出退缩、被动的特点。

（二）家庭关系影响

家庭是以血缘关系或收养关系为纽带建立起来的社会基本单位。家庭是个体社会化的第一环境。首先，夫妻关系是家庭关系中基本的关系；其次，还有父亲与子女、母亲与子女的亲子关系；最后，多子女家庭还有兄弟姊妹之间的关系。家庭关系的亲密程度、家庭中的人际互动模式会深刻影响孩子们今后的人际交流。

当代部分大学生的家庭内部因横向交流缺乏，从小就缺乏人际交往能力的锻炼，加上长辈的娇惯，一方面造成大学生以自我为中心，不懂得主动迁就他人、理解他人，影响他们在人际认知和自我认知方面的心理发展；另一方面，一些大学生在上大学前受到父母的过分保护、控制和干涉，少有自己的交往原则和个人心理空间，对进入大学后人际关系中出现的许多问题不知所措。社会贫富条件的分化、经济条件的差异也会成为大学生交往的障碍。一些家庭经济条件差的同学会感到自卑，在人际关系过程中容易退缩；而一些家庭经济条件较好的学生则充满优越感，容易在人际关系过程中表现得高傲。

（三）学校教育负面影响

一些学生中学时期长期在高考的压力下，过分追求成绩而忽视了对人际关系能力等其他素质的培养，进入高校后，学校也很少有专门的系统课程培训，所以导致部分学生智商很高而情商较低，往往处理不好与其他人的相处、交流、沟通。另外，高校教师都是上完课就离开，很少与同学进行交流与沟通，师生关系明显疏远，以致一些大学生在人际交流方面没有机会得到有效的指导和帮助，每天是教室、食堂、图书馆、宿舍"四点一线"的生活方式，这对大学生的人际关系有很大的负面影响。

（四）学生自身心理因素影响

我国普通高校的大学生处于青年时期，他们的生理已经发育成熟，但他们的心理还没完全发育成熟。部分学生从中学升入大学，虽然学习上是佼佼者，但生活阅历简单，心理承受能力较差。大学生在自我认识、自我评价、自我教育方面虽然比在中学阶段有所提高，但他们也有可能在分析自己、处理同学关系的时候产生困惑和错觉。另外，大学生在环境适应、自我认知、健全人格方面的问题会直接影响他们人际关系能力的发展。

（五）社会信息网络化负面影响

现代信息技术特别是国际互联网的高速发展，虽然打破了人们在时间和空间交往上的限制，但虚拟的网络交往也替代了人们之间直接的感情交流。网络在快速传递知识信息、提供娱乐游戏的同时，也为大学生发泄不良情绪、寻求精神寄托和逃避现实生活提供了场所，从而导致了大学生在现实交往中封闭和处理人际关系能力的下降。部分学生过度关注网络交往，反而忽视了现实生活的交往，遇到现实问题时习惯舍近求远，这在一定程度上造成了自身心理封闭，降低了自身与周围群体的交往能力。

四、大学生人际关系障碍的克服

（一）认知障碍克服

1. 晕轮效应

（1）增强独立性、灵活性，培养良好情感。晕轮效应对不同的人影响程度不一样。独立性强、灵活性高的人受其影响很小；情绪不稳定、适应性差的人则受其影响较大。

（2）有意识地训练自己从不同角度、不同方面去观察、评价他人。

（3）优化自己的谈吐举止、塑造良好的外在形象。

2. 首因效应

首因效应指的是最初获得的信息所形成的印象不易改变，甚至会左右对后来获得的新信息的解释。第一印象是难以改变的，第一印象主要是性别、面部表情、衣着打扮等表面特征，它可以让人判断一个人的内在素养和个性特征，但这样就难免会犯以貌取人的错误。因此，在日常交往过程中，尤其是与别人初次交往时，一定要注意首因效应的作用，不能仅根据第一印象就给对方下定论，而是要听其言，察其色，观其行，然后知其人。此外，还可以利用首因效应的影响，注意在与别人交往时的外表和谈吐等，给别人留下美好的印象。

（1）要注重仪表风度，一般情况下，人们都愿意同衣着干净整齐、落落大方的人接触和交往。

（2）要注意言谈举止，给人留下难以忘怀的印象。

（3）面带微笑，这样可能获得热情、友好的印象。

3. 刻板印象

（1）从思想上认识到，人们对各类团体一般特征的概括，其正确性常常是相对的，甚至是虚假的；

（2）个人虽有与其所属团体趋同的共同特征，但更有自己独特的人格品质，应时时提醒自己把交往对象看成是个独特的人；

（3）不要过于相信自己过去的经验，个人的经验是不完整的，完全根据有限的个人经验对事物作出判断、归纳，很可能出现偏差。

4. 投射效应

（1）要客观地认识自己，既要接受自己，又要不断地完善自己；

（2）要承认和尊重差异。人心如面，各有不同，人是不同的，不要总是以己之心度他人之腹；

（3）去掉防御心理，有时投射效应是出于一个人自我防御的心理需要。例如，自己有缺点或不良品质，于是会不自觉地怀着一颗敏感的心，在别人身上搜寻有关的蛛丝马迹，在别人身上"发现"同样的毛病，进而对自己的毛病感到心安理得：人人都这样，我也不必过多自责和不安。

（二）情感障碍克服

1. 嫉妒

（1）增强自信，相信自己有能力赶上别人。

（2）调整自我价值的确认方式，主要以内在标准为主，自我定向。同时，以多种标准来判断自己的价值，防止单一化。

（3）真诚待人，不要过分夸耀自己的成就，减少、消解别人的嫉妒心。

2. 恐惧

（1）强化自信心。不要患得患失，充满自信心努力追求和奋斗。

（2）不要勉强。凡事有得有失，没必要为友谊和爱情产生恐惧。

（3）扩大交际面。广泛的交往会使人发现，生活中能得到的东西很多，为将要失去的或不可能得到的东西所产生的恐惧自然会淡化或消失。

3. 异性交往困惑

（1）正确对待异性交往，与异性交往动机要纯洁。异性交往必须摒弃杂念，否则，会使异性交往变质。异性交往应遵循一定的原则。因为男女之间性格、爱好等方面有很大的差异，在社会道德风尚、习惯方面也有一定的界限。异性交往的原则包括：①尊重男女有别的客观事实，以保持男女交往的人际距离；②注意异性交往环境与场所尽量公开、透明，不要过多地单独活动；③确立广泛的异性友谊，多参加男女同学共同参加的活动；④了解异性的忌讳，交往举止要端庄不轻浮；⑤分清友谊与爱情的界限，将异性交往保持在友谊许可的范围等。

（2）摆正爱情的位置。异性交往不同于恋爱交往，但包括恋爱交往。因此，在异性交往中摆正爱情的位置，正确处理友谊与爱情的关系十分重要。爱情与异性友谊在性质、感情强烈的程度、交往的范围、承担的任务等方面都不相同。爱情讲究专一，异性友谊则讲究广泛、平和、发展变化。当然，异性友谊也会发展成为爱情，但两者从本质上是不同的。因此，大学生既不要因不谈恋爱而回避异性交往，也不应仅仅为性爱去接触异性，要认真严肃地对待爱情。爱情不仅是男女双方情感的交流，也是与自愿承担相应的义务紧密相连的。大学生对待爱情必须严肃认真，要做到爱情与义务、爱情与责任的统一。

（3）正确处理各种关系。爱情是发自内心的一种渴求，它的本质是催发人性向善的一面。大学生恋爱不应成为影响自己学习、成长、与同学正常交往的障碍。首先，要正确处理恋爱及与学习的关系，把主要精力放在学业上。其次，要正确处理恋爱及与同学交往的关系，不要牺牲与同学的正常交往，影响自己社会化过程的完整。最后，要正确处理恋爱与个人发展的关系，以确保能抓住各种机会锻炼、发展自己。

4. 愤怒

（1）化解。化解愤怒是指通过对人生和自我的反省与感悟，使愤怒自行消失，并逐渐对那些常引起一般人愤怒的事情不再生气。化解不是一种消极的处世态度，而是把挫折、失败、不如意看作是生活的重要组成部分，是一个人必须要无数次经历和体验的东西，因此不必大惊小怪，要坦然面对，平静地接受现实。当一个人认识到挫折、失败和不如意是对我们人生的历练和考验时，就不会把人生宝贵的时间和精力浪费在这类事情上，对许多事就不会像过去那样容易愤怒。

（2）自我修养法。解决愤怒问题需要加强自我修养。对付这种消极情绪常用的方法是，及时给予自己暗示和警告，要培养幽默感。幽默常常是一种宽容精神的体现，是暴躁情绪的抵抗剂。幽默能缓解矛盾，使人际关系融洽和谐，淡化甚至驱除不利情绪，化消极情绪为积极情绪。

（3）合理宣泄法。所谓"合理宣泄"就是以不伤害他人和自己，不违反社会行为准则的方式，把心理上郁积的消极情绪消除掉。如参加文体活动、找朋友倾诉等都可以使愤怒的情绪得到缓解。

（4）延迟评价法。遇到让人生气的事情时，可以做缓慢的呼气和吸气练习，并告诫自己不要马上作出反应，并可采取一走了之的方式，暂时避开令人不愉快的人和事，冷静下来后再做处理。

（5）有分寸的表达。这是一种在理智控制之下能取得有益效果的愤怒表达方式。有分寸地表达愤怒能使人了解当事人对事情或他人言行的反应、感受，从而引导别人改变其不恰当的行为。从长远看，这种方式比压抑不满更有利于人际关系的正常发展，但应注意言论对事不对人、不要涉及他人的隐私、不要限制别人发火等。

（三）人格障碍克服

1. 自卑

（1）从思想上确立正确的信念，从内心深处呼唤自己做人的尊严。

（2）学会积极的自我暗示。例如，"我能成功"，想象自己的完美形象，如讲话风趣幽默等。

（3）用实际行动确立自信。要针对自己的弱点制订一个逐步训练的计划，并坚持不懈地执行。如争取在集会上发言，主动接触陌生人。行动是治愈一切恐惧的最好良方。

2. 害羞

（1）接受自己害羞的现实，重塑自己。人的性格是在生活过程中逐渐形成的。要认识到害羞的人身上有很多长处，勇敢地承认自己就是"害羞"，同时也承认他人的长处。相信自己在别人心目中的形象并不差，而别人也不是十全十美，自己是一个同别人一样有思想、有性格、有自尊的独立、完整的人，甚至在某些方面还强于他人。

（2）多参加团体活动，增加与他人接触的机会。在团体活动中可以学会同各种各样的人沟通。刚开始时不要急于求成，可以坐在不起眼的地方，观察别人的表现，看他们是如何展示自己的。然后，觉得自己能行了，先发表一两句意见。要鼓起勇气迈出第一步。万事开头难，当害羞者迈出可喜的第一步后，伴随着从未有过的成功体验和对自己的重新评价，便会开始相信自己的能力。要有意识地训练自己与不同性格、不同年龄的人沟通，这样才能增加勇气与胆量，与人交往的能力才会逐渐提高。遇到聚会、联谊时要善于寻找时机与周围的人攀谈，关键时刻要勇于表现自己。要相信自己一定能行，遇事多采取主动态度。

（3）做有心人，记下感到不安的事情。这是极有效的自我心理治疗方法，并且可以为此预先做好克服它的准备。

3. 孤僻

（1）有意识地挖掘生活中的美好事物，发现那些感人至深的人间真爱，与自己原有的观念抗衡，走出自己狭小的生活圈子。

（2）强迫自己以热情的方式待人，逐步开放自己的心灵。增进相互了解、促进友爱、美化人生。

（3）多与大自然接触，多参与同学们的活动，发展自己的情趣，增加对生活的热爱，优化自己的性格，从而改变对世界的消极看法，提高人际关系的质量。

4. 鲁莽

（1）做任何事情都要深思熟虑，切忌轻率。

（2）延迟法。给自己规定每当要做事和说话时，先延迟 10 秒钟到 1 分钟。

（3）冷处理。把要实施的激烈行动先压下，待心情平静下来后再做决定。

（4）最关键的是加强自我修养，优化性格，修身养性。

5. 人格偏执

（1）认识自己的性格缺陷，不断完善。

（2）学会接纳、宽容异己。别人和自己是不一样的，不要把自己的想法强加给别人，学会理解别人。多看别人的优点。

（3）要主动与别人交流看法。可以争论，但不是以击败对方为目的。

（4）培养幽默感，学会轻松地看待人生，参与生活。

第三节　人际关系的心理误区和调适

一、人际关系的心理误区

（一）看重经济实力

大学生普遍感到人际关系与"钱"字分不开。在与同学的交往中，经济交往所占的比重越来越大，比如：同学过生日要送礼吃喝。大学生中，由于家庭经济条件的不同，学生的生活方式、价值观念呈现较大的差别。一些富裕的大学生，在同学面前表现得较为大方，生活阅历、处世技巧较为丰富。而一些家庭经济状况较差的大学生，在学校里体验到更多的压抑和苦闷，很容易产生自卑情绪。由于经济拮据，这些学生在衣食方面处于不利地位，为避免尴尬，较少与其他同学一起活动，可能出现人际关系方面的障碍，如人际羞怯、人际逃避等。

（二）错误的交往能力认知

"人际关系能力不强就会导致心理不健康。大学生人际关系问题在各种心理问题中处于非常突出的位置"[①]。大学生中存在人际关系适应不良情况的人，这些人大多是一些气质类型为抑郁质、性格类型为内向型的大学生，许多大学生据此错误地认为自己不善于交往，长此以往，心理健康水平肯定受到影响。人的社会人际关系能力会受到气质、性格的影响，一些人天生擅长社交，一些人则不擅长社交，性格内向。气质类型为抑郁型、性格类型为内向型的大学生大多喜欢独处，不善于表达自己，人际关系会受到一定的影响。大学生的性格正处于向成熟转化的过程中，尽管没有完全定型，但是大部分性格特征已经明确形成，在人际关系的过程中，不能轻视气质、性格等对个体发展的影响。内向型性格的人如果要求自己像外向型性格的人一样处理人际关系，是一件强人所难的事情。大学生不要形成一种错误的观念——不管何种气质类型或性格类型的人都可以成为擅长社会交际的人。那些由于气质和性格的影响而不擅长交际的大学生不能正确对待自己的弱势，拼命地想发展自己的社会交往能力，这就势必造成一定的矛盾，从而影响了大学生的健康成长。要明确认识到，不擅长人际关系并不同心理健康存在必然的联系，也就是说，不擅长交际的人，并不就是心理不健康的人。只有那些不擅长交际但又过分渴望能擅长交际的心态，从而产生焦虑、抑郁等负面情绪时，才会影响心理健康。

（三）分不清虚拟和现实

虚拟人际关系是以网络为模式发展起来的，通过虚拟的交流空间和平台，与陌生人在人际关系和人际互动过程中确立、形成的关系。它的特点就在于交往互动空间的虚拟性，摆脱了传统视觉、触觉意义上的物质空间，具有交流主体间的身份不确定性和不受限制的特性。网络给人类社会带来深刻的影响是社会文化和生活方式的变化，打破了人们在时间和空间交往上的限制，虚拟的网络交往替代了人们之间直接的情感交流。大学生渴望与人交往也最容易产生人际困扰，而网络以其开放性、虚拟性、间接性等不同于现实生活空间的特点，提供了一个能安全与外界进行平等的、深层次情感交流的平台和可以避免面对面地、自由地学习社交技能的场所。任何在现实周围环境找不到相同爱好的人似乎在网上都

---

①梁丽娟，杨清茨. 大学生心理健康［M］. 延吉：延边大学出版社，2017：154.

能找到自己的"同伴"，无论习惯和爱好在其周围的人看来是多么地"怪"，也一样能融进虚拟的网络社会中。网络让大学生暂时忘却烦恼、缓解现实压力、满足情感宣泄的需要等，从而对大学生产生了强大的吸引力，因此，有的学生将更多的时间花在网络上，对网络产生了不同程度的依赖行为，严重的甚至完全用网络来代替现实世界。而网络世界人际关系的心理误区及其虚幻性、匿名性等，不能满足大学生人际发展的需要，必然又导致大学生在现实生活中人际关系的困扰程度加剧，而变得更加依赖网络世界。长期沉溺于网络的最终结果就是与现实生活开始脱离，不能发展正常的人际关系。大学生长期沉迷于虚拟人际关系也会引发心理孤独和压抑。因此，要引导大学生适度控制对网络的依赖，既要扩大网上交际面，又要重视现实生活中的人际关系，使生活更加丰富多彩。鼓励大学生多与外界接触，充实生活内容，转移注意力，积极参加校园举办的各种活动。

（四）过度发展人际关系

有部分大学生认为，如果不提高自己维护人际关系的能力，将来就无法在社会上取得事业的成功，因此，他们将大量时间和精力投入到各种社团活动和人际关系中，为了交往而交往，以至于学习受到严重影响。大学生在大学里的主要任务是学习，发展人际关系只是一个方面。要认识到人际关系能力的发展是一个长期的过程，大学的时间很短暂，在重视自己学业的前提下发展自己的处世能力无可厚非，但是千万不要片面行事，将有限的时间和精力花费在各种人际关系活动中，忽略了自己的学业。

二、人际关系的调适

（一）确立良好人际关系的路径

人人都希望自己能有一个美好的人际关系世界，希望能多拥有一些朋友，并与他们保持真挚的友谊。大学是人际关系走向社会化的一个重要转折时期。从踏入大学开始，大学生就会遇到各方面的人际关系：师生之间、同学之间、同乡之间的关系等。面对如此众多的人际关系，有的同学因为处理不当而心情沮丧；有的同学因为人际关系紧张，精神压力很大，导致程度不同的心理病症；而更多的同学则由于不知如何处理复杂的人际关系而经常为苦闷、烦恼的情绪所困扰。可见，如何处理好人际关系，对于大学生活和未来的事业，有着至关重要的意义。

1. 确立良好人际关系的原则

（1）平等原则。在人际关系中总要有一定的付出或投入，平等是确立人际关系的前提。人际关系作为人们之间的心理沟通，是主动的，相互的。

平等意味着在交往中互相尊重，一视同仁。在各种交往的场合都要尊重别人的权利、尊重别人的感情。尽管由于主客观因素的影响，人与人在性格、能力、家庭背景等方面存在差异，但在人格上大家都是平等的。因此，在交往中要对自己有信心，对别人有诚心，彼此尊重，平等地交往，关系才可能持久。对大学生来讲，不论学习好坏，家庭背景如何，都应平等相待，互重互谅。

（2）相容原则。相容是指人际关系中的心理相容。心理相容所产生的效应在交往双方之间，表现为融洽、合作和愉快，从而使人际关系向健康、纵深方向发展。

要做到心理相容，应注意包涵、宽容及忍让。为人处世要心胸开阔，宽以待人。每个人都有不同的个性。因此，与人交往时，不能用一种标准去要求他人，更不能太苛求别人。相容原则非常重要，大学生交往中的许多问题都是缺乏宽容所造成的。要能宽容别人，首先得理解别人，学会设身处地地为别人着想。而要真正理解别人，为别人着想，就需要多沟通，多交流，深入了解各自的性情爱好和价值观念，这样才不至于出现问题后无端猜疑，引发不必要的纠纷。在宿舍室友的交往中，因生活小事产生的磕碰更是难免，这个时候就更需要每个同学以宽容的心态对待问题。

（3）互利互助原则。人际关系在本质上是一个社会交换的过程。现代大学生更注重"实惠"，交往中是不是给人带来他所需要的东西，如情感、信息、快乐等。尤其是快乐，现代大学生面对各种各样的压力、竞争，交往本身就起着调节紧张情绪的作用。在交往中总是在交换着某些东西，要么是物质要么是情感。人们都希望交换对于自己而言是值得的，希望在交换过程中得大于失或至少等于失。对自己不值得的，或者失大于得的人际关系，人们就倾向于逃避、疏远或中止这种关系。

正是交往的这种社会交换本质，要求我们在人际关系中必须注意，让别人觉得值得与我们的交往。无论怎样亲密的关系，都应该注意从物质、感情等各方面"投资"，否则原来亲密的关系也会转化为疏远的关系，使我们面临人际关系困难。

确立良好的人际关系离不开互助互利，在交往中人与人之间的关系是相互的，彼此都既有施，也有受。这种互利原则，既可表现为物质上的"礼尚往来"，如交换信物、赠品等，也有精神上的，如心理沟通、感情安慰、同情启迪等。互利使各自的需要得到满足，但不同于商品交换中的等价有偿，它主要表现为一种心理上的互补、精神上的交流和相互支持。人际关系以能否满足交往双方的需要为基础。如果交往双方的心理需要都能获得满足，其关系才会继续发展。因此，交往双方要本着互助互利的原则。

互助原则就是当一方需要帮助时，另一方要力所能及地给对方提供帮助，这种帮助可以是物质的，也可以是精神的；可以是脑力的，也可以是体力的。坚持互助原则就要破除极端个人主义，与人为善，乐于助人。同时，又要善于求助别人。

（4）诚信原则。真诚是人际关系最基本的要求，所有人际关系的手段、技巧都应该是确立在真诚交往的基础之上的。尔虞我诈的欺骗和虚伪的敷衍都是对人际关系的亵渎。真诚不是写在脸上的，而是发自内心的，伪装出来的真诚比真正的欺骗更令人讨厌。对大学生来讲，就是把自己的真实情感、思想毫无保留地展示给对方，让对方去选择。以诚待人，讲求信义是人际关系得以延续和深化的保证。在交往中，只有彼此怀着心诚意善的动机和态度，才能相互理解，使交往关系得到巩固和发展。

信用即一个人诚实、不欺骗、遵守诺言，从而取得他人的信任。人离不开交往，交往离不开信用。要做到说话算数，不轻许诺言。与人交往时要热情友好，以诚相待，不卑不亢，端庄而不过于矜持，谦逊而不矫饰作伪。朋友之交，言而有信，许诺别人的事就要履行，这是信用原则的重要表现。轻易许诺却失信于人，会给人一种极强的不信任感，因此，大学生要认识到，许诺是非常郑重的行为，对不应办或办不到的事，不能轻易许诺，不要碍于面子答应，之后又无法兑现承诺。守时，虽然表面看来是交往中的一件小事，但却是交往双方衡量对方品质的重要途径，尤其是异性交往中，是否守时甚至是决定交往能否继续进行下去的关键因素。我国古人历来把守信作为一个人立身处世之本。

总而言之，大学生要改善人际关系，就必须明确人际关系的原则。研究表明，人际关系的基础是人与人之间的相互重视、相互支持。对于真心接纳我们，喜欢我们的人，我们也更愿意同他交往并确立和维护关系。了解这样的原则，大学生就会更清楚人际关系怎样会更好。学会了解和沟通，对于大学生确立良好的人际关系很重要。因此，大学生要经常站在对方的角度去理解和处理问题。一般而言，善于交往的人，往往懂得欣赏他人，愿意信任他人，对人宽容，能容忍他人有不同的观点和行为，不斤斤计较他人的过失，在可能的范围内帮助他人而不是指责他人，明白人与人之间是有差异性的，因而不能强求。

（5）同理移情原则。人际关系从本质上说是人与人在情感上的联系。这种情感联系越密切，双方所共有的心理世界的范围也就越宽，人际关系也就越亲密。移情是沟通人们内心世界的情感纽带。所谓移情，就是指站在别人的立场上，设身处地地为别人着想。积极地参与他人的思想感情，意识到"我也会有这样的时候"，这样才能实现与别人的情感交流。这种积极地参与别人思想、情感的能力是一个深刻的交际心态的转变，是一种真正的交际本领，会把自己和他人联系得更紧密，并能化解很多矛盾和冲突。

2. 确立良好人际关系的技巧

（1）确立良好的第一印象。第一印象在人际吸引中具有重要作用。人们会在初次交往的短短几分钟内形成对交往对象的一个总体印象，如果这个第一印象是良好的，那么人际吸引的强度就大；如果第一印象不是很好，则人际吸引的强度就小。而在人际关系的确立与稳定的过程中，最初的印象，同样会深刻地影响交往的深度。因此，在人际关系中成功地确立良好的第一印象是十分重要的。

（2）主动热情待人。有一个丰富多彩的人际关系世界是每一个正常人的需要。很多人之所以缺少朋友，是因为他们在人际关系中总是采取消极的、被动的退缩方式，总是期待友谊和爱情从天而降，这样使他们虽然生活在一个人来人往的世界里，却仍然无法摆脱心灵上的孤寂。这些人，只做交往的响应者，不做交往的始动者。

"热情"是最能打动人、吸引人的特质之一。一个充满热情的人很容易把自己的良性情绪传染给别人。先让自己变得愉快起来是必要的。一个面带微笑的人很容易被他人接纳。每个人在生活中都会遇到许多烦恼的事，但我们不应被它们所奴役，而应敢于面对现实。

要热情待人还必须从心理上对他人感兴趣，真心喜欢他人。人们更容易喜欢那些对自己感兴趣的人。影响人们不愿主动交往，而采取被动退缩的交往方式，有如下两点原因：

一方面，缺乏自信。因为缺乏人际关系的自信心，所以生怕自己的主动交往不会引起别人的积极响应，从而使自己陷入窘迫、尴尬的境地，进而伤及自己脆弱的自尊心。在现实生活中，每一个人都有交往的需要，因此，我们主动而别人不采取响应的情况是极其少见的。另一方面，人们心里对主动交往有很多误解，这阻碍了人们在交往中采取主动的方式，从而失去了很多结识别人、发展友谊的机会。

（3）关心帮助别人。当一个人遇到坎坷，碰到困难，遭到失败时，对人情世态最为敏感，在最需要关怀和帮助的时候，这时哪怕是一个笑脸都能让人感到安慰。因此，当别人遇到困难，陷入困境时，大学生能伸出援助之手，帮助困难者，可以很快赢得别人的好感和信任，确立起良好的人际关系。如果对别人漠不关心，交往很可能因此而中止。

（4）把每个人都看成是重要人物。在人的需要中自我尊严得到维护，自我价值得到承认，这是许多人最强烈的心理需求。每个人都是重要的，当我们把自己看得非常重要时，也要将心比心把别人看成是重要的。所以交往中我们应注意：第一，让他人保住面子；第二，不要试图通过争论使他人发生改变；第三，发现和赞美别人的优点。

（二）维护良好人际关系的心理条件

1. 提升交往艺术

（1）把握交往的度。包括交往的广度、深度、频率的把握以及语言行为的分寸讲究等。

第一，交往的广度要适当。交往的广度既不能过广也不能太窄，过广则容易滥交，既影响交往质量又会浪费太多的精力，影响学习；太窄又可能错过了许多可交的朋友，经常会陷于狭小的人际圈子，给自己的发展带来不利的影响。

第二，交往的深度要适当。交往的深度要适当，有的要深交，有的则只能浅交，甚至要拒交。不能一味泛泛而交，也不可能跟任何人都成为知心朋友。决定交往深度的主要因素是志同道合，包括共同的理想追求和共同的道德水准等。相同的理想志趣会使两个性格迥异的人成为莫逆之交。

第三，交往的频率要适度。沟通能够加深理解，增进友谊，但是交往的频率要适度。即使是好朋友，也不能过往甚密，如果天天黏在一起，会使交往的一方或双方感到形成了一种负担，既影响彼此的正常生活，也会减弱彼此的新鲜感，增加出现摩擦、发生矛盾的概率，从而妨碍友谊的进一步发展。当然也不能长时间不沟通，再好的朋友，长期不沟通关系也会疏远。

（2）同窗相处的注意事项。现实生活中的大学同窗，朝夕相处，彼此可以成为挚友，也可能互不服气。尤其是同一宿舍的同学之间关系最难处，矛盾也最多。处理好同窗之间的关系有以下方面：

第一，同窗相处诚为上。人与人心理上相融主要确立在诚的基础上，因此，在与同学交往中要以诚相待，对别人的优点要肯定，对别人的缺点不要夸大，对自己的好恶要有客观分析，同时要注意维护他人的自尊心。在现实生活当中，也可能会遇到以诚相待，却得不到诚的回报的现象，对此，应以宽阔的胸怀来对待，应当相信大多数同学都希望同学之间真诚、友好地相处，要想得到真诚，自己先以诚待人。

第二，同窗相处善为佳。人类生活在一个纷繁复杂的大千世界中，生活本身就是在矛盾的组合与分解中进行的。因此，有矛盾有问题是难免的，特别是大学生宿舍，由于相处的环境较为封闭，心理也不可能那么成熟，也没有必要有那么深的城府，同学之间闹点别扭，产生分歧，有些矛盾都是很正常的。问题的关键是如何正确对待这些矛盾。如果每一个人都能与人为善，站在对方的角度看问题，理解他人，那么任何时候都能找到自己的位置，都能在宽松、民主的环境中发掘自己的善良。

第三，同窗相处宜拘小节。大学生人际关系不成功者中，有很多人是由于不拘小节导致的。不拘小节的表现有的是形成的一种不良习惯，有的是自私心理，但其实质都是缺乏修养的表现。长此以往，将影响人格的健康发展，破坏同学之间的正常交往，并造成同学之间的隔阂与矛盾。因此，同学在交往之中要遵守必需的礼仪规范，都要学会拘小节。

（3）重视人际关系的语言艺术。语言艺术主要指要把握"说"和"听"的分寸。

"说"：要注意尽量用简单清楚的语言表达思想，说话要注意语气，批评和赞扬别人要讲究方式和措辞。赞扬别人要恰如其分，批评别人也要尽量用委婉的语气，要学会赞美别人。从心理上讲，每个人都是天生的自我中心者，都希望别人能承认自己的价值。

"听"：要学会倾听，尊重别人，理解别人，而不是夸夸其谈，自我陶醉；和对方谈话时，要辅以点头微笑等动作，态度和蔼，而不是冷若冰霜。注意不要随意打断对方的谈话或抢对方的话题。总而言之，听对方讲话时，要把握好自己的位置，表现出对对方的尊重和耐心。倾听中能够获得许多有益的经验。倾听不是被动接受，而是有反馈的引导和鼓励。通过言语和表情告诉对方，自己能理解对方的描述和感受，可以使对方受到鼓舞和感激。

（4）行为规范和体态语言的运用要恰当。人际关系中，大学生要站有站相，坐有坐相，站立时不要来回晃动身体或手总是无处可放，坐时一般不要跷二郎腿；礼节性行为，如点头、握手等要适当，不要过于讨好，也不要自以为是，居高临下；微笑和专注的神情在交往中很重要，要学会控制自己的情绪。总而言之，行为和体态语言的运用要给人一种自然得体、富有涵养的印象。

另外，在交往中还要注意一些细节，人际关系艺术的关键在于对人性的了解和掌握，对自身的了解和把握，了解自己的优势和不足，并不断完善自己，就能减轻防卫心理，更坦然地走向他人，更自信地与人交往。

2. 减少争论

青年人之间经常喜欢争论，这是很正常的事。争论大都以不愉快结束。事实证明，无论谁输了，都会很不舒服，更何况争论有时会演化成直接的人身攻击，对于人际关系是非常有害的。因此，要解决观点上的不一致，最好的途径是讨论、协商，而不是争论。

3. 敢于承认错误

虽然承认自己的错误是一种自我否定，但承认错误会带来巨大的轻松感。承认自己的错误，等于肯定了别人，从而维护人际关系的稳定。

4. 合理运用批评

批评时，不是出于贬低别人的目的，同时又能运用恰当的方法，那么就会收到意想不到的效果。

（1）批评应注意场合。批评时必须减轻对方的防卫心理，大庭广众之下批评别人，会使对方的自尊受到伤害，以敌视的态度来反击，以保护受到伤害的自尊心，这样的批评只能增加对方的反感和抵触，不会有任何效果。所以批评尽量在比较舒适的环境且要两个人在场的情况下进行，减轻对方的防卫心理，取得更好效果。

（2）从赞美和诚心的感谢着手。赞美和诚心的感谢，都是肯定对方的价值，会使对方卸下心理防卫，这时再诚挚地批评，对方也容易接受。

（3）对事不对人。在肯定对方的能力、人品的前提下指出其某一个具体言行的错误，会更让人容易被接受。

5. 学会说"不"

在人际关系中，尤其是同学之间，经常会有需要拒绝的情况，但是每当说"不"时，总是难以开口。说"不"是每个人的权利，只要说得具有艺术性，就容易让人接受。

（1）说话留有余地。拒绝别人的建议时，不要把话说绝，给对方一个台阶下，这样既可以委婉地表示拒绝，又可以避免伤害感情。

（2）以赞扬的话语开始。对于别人的某些要求，不能满足或不想满足时，可以用赞扬的话语开始拒绝。例如，有人表白后，可以用这种方法："你是一个有责任、有担当的人，但是我们不合适。"

（3）自嘲是说"不"的好方法。在某些尴尬的场合，拿自己幽默一下，可以省去许多麻烦。

（4）给自己一个缓冲的时间。有些事情，难以当面拒绝，不妨等待事情经过一段时间的冷却，如果仍未答复，对方自然也明白用意，或者事后找一个恰当的理由拒绝。

（5）只回答部分问题。对于有些请求，不好给予拒绝时，不妨给予部分问题的回答。

（6）直截了当地拒绝。尽管我们提倡讲究说"不"的艺术，但对于某些过分的要求，也不需要掩盖内心，只要直截了当地说"不"就可以了。一定要记住，要选择一种最恰当的方式说出来，以便对方愉快接受。

（三）与异性进行交往的方式

1. 异性交往的特殊性

男女在体态、衣着上有很大差异，更重要的一点是男女之间在社会规范、习俗等方面有所不同。异性间交往时，采用适当的方法，把握正确的原则，才能为健康的异性交往打下良好的基础。

2. 提高心理成熟程度

与异性交往确立健康的心理和高尚的道德情操，是异性间交往时，很重要的一个因素。交往时注意男女有别，注意友谊与爱情之区别。还要把握度，所谓"度"，一是指时间上的度，二是指言谈举止上的度。不要过多占用别人的时间，影响别人的正常工作、学习和生活，讲话要得体。

3. 异性交往的注意事项

青年人由于性心理逐渐成熟，喜欢与异性交往，结交异性朋友，这是非常正常的心理现象。既是交往的需要，又是人全面成熟和发展的需要，但是，男女之间的交往若处理不好，不仅会招来闲言碎语，还会影响身心健康。

（1）热情而不失态。人际关系中，热情是确立良好关系的重要条件，是拉近彼此距离的亲和剂。但热情不能失态，行为、语言都要有一定的约束，不能无所顾忌。人际关系忌失态，异性交往更是如此，言行举止失态，会削弱应有的神秘感，彼此失去应有的距离。

（2）自尊自主不虚荣。与异性交往时，要做到自尊、自爱、自主、自强，正确认识自我，不以某些优势自傲，也不为某些不足自卑，更不要为了虚荣以虚伪的东西掩饰真实的自我。

（3）宽容忍耐但不被动、迁就。人际关系忌一味地被动、顺从和迁就。现实生活中的一些大学生，一旦与异性交往便不自觉地失去了主见，一味被动迁就，长此以往，会失去自我，失去个性，而个性是交往中相互吸引，展示魅力的一个重要方面。

（4）交往但不频繁独处。与异性交往时要扩大友爱圈，以参加集体活动为主要交往方式，以便创设往来自如的环境，增加交往的开放性。

（5）态度明了不含糊。在与异性交往时，如果对方表现出爱意或提出求爱信号时，要态度明了，不要朦朦胧胧，含糊不定。如果只想确立一般友谊就要适时、适度地表明态度，否则，彼此不仅不能建立友谊，还会引起难堪和不快。

《第六章》 大学生压力管理

第一节 压力管理基础

压力有时也有它积极的一面，适当的压力能带来生活的乐趣，能促进个人成长。压力的大小完全取决于一个人对某事物的认知标准，不管是谁，都或多或少有点紧迫感，存在着这样或那样的压力。

一、压力的来源

（一）内部压力与外部压力

压力的来源可以分成两类：内部压力和外部压力。内部压力来自人的体内，包括人的态度、思想和情感。挫折和冲突最容易给人带来压力。大学生会因屡次的挫折而产生压力；面临不安和恐惧压迫时，也可能产生压力。外部压力来自人的体外，包括学习、金钱等。与父母、老师、同学关系的不协调会产生压力；扮演多重角色，加上别人期望又过高，也会产生压力。

（二）大学生的压力来源

第一，观念变革的压力。在改革开放和多元化的社会背景下，大学生每时每刻都会遇到价值观念、生活方式等方面的新观念的冲击，从而引起大学生认识上的失调和观念上的动荡。这就要求大学生在认识的观念上不断开放、不断更新。

第二，经济负担压力。由于社会主义市场经济体制的不断完善和产业结构的调整，部分企业关停并转，职工下岗和谋求再就业，使得不少家庭经济负担加重，大学生的经济压力也比较大。

第三，学习的压力。越来越多的大学生已意识到未来社会竞争十分激烈，大学生之间的竞争也相当紧张，要想在学习上处于领先地位，成为优秀学生，必须在学习上下大力气。

第四，择业就业的压力。随着人才市场上供需关系的变化，大学毕业生就业形势日趋严峻，人才市场和企业对大学生的培养规格和要求越来越高，大学生不得不考虑未来的就业。

第五，人际关系的压力。大学的生活方式决定了大学生必须学会与他人交往，这对其今后走上社会尤为重要。刚进入高校的新生中不善于交往的人为数不少，交往心理压力较大。

二、压力的现状

从整体上而言，大部分大学生压力管理能力较好，但仍有部分大学生存在压力认知偏差，少数大学生采用自责、退避、幻想等不成熟的方式应对压力，大学生压力管理缺乏专业指导。心理健康教育课程是大学生心理健康教育的主阵地，因此，有必要运用心理健康教育课程进一步开发并提升大学生的压力管理能力。

大学生的压力应付方式首先是解决问题；其次是求助、合理化和自责。解决问题和求助是一种相对成熟的应对方式，合理化可以归结为综合的应对方式，而幻想、退避和自责则属于不成熟的应对方式，具体表现在部分大学生以无所谓的态度来掩饰内心的感受，或者幻想一些不现实的事来消除烦恼，面对困难首先想到的是怎样去回避而不是想办法解决困难，还有个别大学生心理压力大的时候采用消极的方式应对，这些不成熟的应对方式都不利于大学生身心的健康发展。

部分大学生尤其是大学新生，他们没有接受过系统的心理健康教育，在压力管理过程中欠缺专业的指导。步入大学后，面对陌生的环境，陌生的老师、同学，部分大学生在遇到心理压力时不知道如何排解，部分同学遇到心理问题时不懂该向谁寻求帮助，导致这些同学在面对压力的时候不能很好地进行自我调节，在应对压力时也不懂得寻求心理健康教育老师的指导和专业人士的帮助。

心理健康教育课程是大学生学习心理健康知识、预防及调节不良情绪干扰、开发自身内在潜能、提升心理素质的重要途径，对积极心理品质的培养有积极的影响，有助于提升大学新生的主观幸福感。因此，结合大学生压力应对的现状，有必要通过心理健康教育课程提高大学生的压力管理能力，以更好地促进大学生的健康成长。

三、压力的类型

按压力的轻重程度以及构成，可将压力分为以下三类。

（一）单一性的压力

在日常生活中，不可避免地会遭遇到各类生活事件，这些事件是人们在生存和发展过程中无法回避的，如考试、迁居等。例如，在生活的某一时期内，经历着某一种事件并努力地去适应它，其强度不足以令人崩溃，这时产生的压力为一般单一性压力，在适应单一性压力时，只要在此阶段付出努力，并且没有出现任何崩溃与意外事件，那么，经历者就会提高和改善自身的某些适应能力。

（二）叠加性的压力

叠加性压力有两类：一是同时性叠加压力，在同一时间里，有若干构成压力的事件发生，当事者体验到的压力称为同时性叠加压力；二是继时性叠加压力，两个以上能构成压力的事件相继发生，后继的压力发生在第一个压力的第二阶段或第三阶段，这时，当事者体验到的压力称为继时性叠加压力。

（三）破坏性的压力

破坏性压力又称极端压力，包括地震、遭受攻击等。此类压力并不罕见。人在遭遇或对抗重大压力（破坏性压力）后，其心理状态会产生失调之后遗症，心理学上称之为创伤后压力失调（Post Traumatic Stress Disorder，PTSD），也叫作创伤后压力症、创伤后压力综合征、创伤后精神紧张性障碍、重大打击后遗症。创伤后压力失调一般包括以下阶段：

第一，迷惘呆滞阶段。迷惘呆滞阶段个体处在迷惘、呆滞当中，感觉迟钝。此时需要的协助是关心、陪伴，警惕危机再度发生。

第二，震惊阶段。震惊阶段充满无比震惊、害怕及惊慌，产生手足无措、情绪失控。此时需要的协助为陪伴，避免当事人反应失当。

第三，失调创伤阶段。失调创伤阶段会产生怨天尤人及过度自责现象。此时，需要协助当事人宣泄，支持他的做法，积极地了解其伤痛，同时寻找支持系统。

第四，长期复健阶段。在长期复健阶段，当事人已准备接受他人及专家之协助。此时应发展心理复健计划，开发社会资源及支持系统，分不同专业予以治疗。强大自然灾害后的心理反应，有时近似 PTSD，这类情况被称为"灾难症候群"。经历极端压力后，心理症状是多方面的。对于破坏性压力造成的后果，心理干预是必需的。

四、对压力的反应

当人们面临压力时会产生一系列心理、生理的反应。这些反应在一定程度上是机体主动适应环境变化的需要，能够唤起和发挥机体的潜能，增强抵御和抗病能力。但是，如果反应过于强烈或持久，越过了机体自身调节和控制的能力，就可能导致心理生理功能的紊乱，进而产生身心疾病。压力反应通常表现在心理反应、生理反应、行为反应三个方面。

第一，心理反应。压力引起的心理反应有警觉、情绪的适度唤起。这是适应的反应，有助于个体应付环境。但过度的心理反应如过分烦躁、消沉，会使人自我评价降低，表现出消极被动的态度。

第二，生理反应。在压力状态下，机体伴有不同程度的生理反应，主要表现在中枢神经内分泌系统和免疫系统等方面。例如，导致心率加快、心肌收缩力增强等，这些生理反应调动了机体的潜在能量，提高机体对外界刺激的感受和适应能力，从而使机体能更有效地应付外界环境条件的变化。但过度的压力会使人口干、口吃等。

第三，行为反应。压力状态下的行为反应可分为直接反应与间接反应。直接的行为反应是指直接面临紧张刺激时为了消除刺激源而作出的反应。间接的行为反应是指为了减少或暂时消除与压力体验有关的苦恼而作出的反应。

五、压力的损害

压力过度时，会对心理和生理等方面造成较大的损害，具体涉及以下方面：

第一，过度压力对身体功能的损害。当人体面临压力危机时，一些器官的功能会加强，消耗的能量增加；而另外一些器官的功能被抑制，能量消耗减少。在压力状态下，人体首先会关闭消化系统，消化系统关闭时间过长，会导致胃病和消化功能紊乱。

第二，过度压力对心理功能的损害。由于生理和心理作用密切相关，在生理上越感到衰竭，对压力的心理反应便会越明显。当然，有些人可能会对压力作较长时间的抵抗，但最终也会因为生理的衰竭而功能失调，甚至崩溃。

第三，过度的压力会造成认知功能下降，让人难以进入聚精会神的状态，经常遗忘正在思考和谈论的事情。

第四，过度压力对人的情感和性格也会产生非常消极的影响。长期的过度压力会使人的精神萎靡不振，无能力、无价值的消极自我评价会油然而生。已经存在的一些弱点，如焦虑、神经过敏会更加恶化。更严重的是，过度的压力可能使人的性格发生根本性的改变。

第五，过度压力会让人产生消极情绪。人在压力之下，一般都会自然地产生抵抗力，如果抵抗奏效，不安或者焦虑就会减弱。如果对抗没有发生作用，就会让人产生挫折感，在挫折情绪的支配下，个体就会出现一系列消极行为：已经有的爱好和兴趣，乃至人生的目标完全丧失。

第六，压力会影响睡眠。当大学生在生活中遇到某些压力事件时，情绪处于紧张状态，首先受影响的就是睡眠。当承受的压力较大时，神经系统会加强兴奋，从而影响睡眠。

第二节　压力的作用与影响

一、压力的作用

任何事物都具有两面性，压力就如一把"双刃剑"，它既可成为工作的阻力也能成为向上的动力。

（一）压力的正面作用

适度的压力会给学生积极的作用。压力的正面作用主要有以下方面：

第一，压力具有约束作用。在适度压力的情况下，学生会保持警觉状态，促使自己的行为举止不会出现过失。

第二，压力在一定情况下可以转化为动力，促进组织与个人目标的实现。

第三，压力可以激发人的潜能。人的潜能是无限的，在正常情况下，人类只是利用了其中的一小部分，而在感受到压力存在的状态下，个体会挖掘自己的潜能，做出令人意想不到的行为，出色地完成任务。

（二）压力的负面作用

任何事物都需要理性辩证地看待，且要把握"度"，过犹不及，压力超过"适宜度"也会给大学生带来巨大的伤害。在当今竞争日益激烈的情况下，压力的负面作用越来越受到人们的关注。压力过大对大学生而言会直接导致疲劳困乏、胸闷憋气等生理反应，造成焦虑、情绪低落等心理反应。

二、压力的影响

个体面对压力事件时通常会出现情绪和身体两方面的反应，即个体身心处于应激状态。应激的产生是一种典型的由心理转向生理的现象。先是紧张情绪的出现，使得大脑的情绪中枢处于兴奋状态，随即向内分泌系统发出指令，使肾上腺分泌出大量肾上腺素，刺激血压升高、心跳加快，使肝脏分泌出大量的糖供给血液，提高血糖水平，给大脑和肌肉输送更多的能量，从而使人的反应更加机敏，更有力量。由于在应激状态下，人能够在很短的时间内充分调动自身的全部潜能，所以，会表现出一种超乎寻常的力量。但是超常表现的力量不能持久。若长期处于应激状态，会导致身心常超负荷运行，引发心理障碍或身体疾病的风险就会增加，因此，个体需要避免进入应激情境。

一方面，压力有轻重之分，适度的压力不仅对身体无害，反而有益健康；严重而又长期的压力，则对身体有害；另一方面，个体体会到的压力大小，并无精确的客观标准，每个个体面对不同的压力性事件时，所体验到的压力依赖于个体的主观感受。由心理冲突引发生理疾病实现的因素有三个：①器官缺陷理论，即生理上存在一个较其他器官虚弱的脏器，当应激因素出现时，该器官容易生病；②某种具体的心理冲突会降低个体的免疫系统；③某种危险情境的出现。因此，压力可以通过心理倾向性来影响个体的身心健康。

第三节　压力管理的方法与技巧

"大学生处在特殊的生活环境和特殊的年龄阶段，承担着特殊使命和社会角色"[①]。在日趋激烈的竞争环境下，大学生要面对多方面的挑战和困难，如果不能正确地面对这些问题带来的压力，心理健康就会受到极大的威胁，产生不利影响甚至严重后果。

一、压力管理的方法

第一，提升自信心。大学生保持快乐并抵御学习生活压力的一个重要因素是自信心。自信心是一种反映个体对自己是否有能力成功地完成某项活动的信任程度的心理特性，是一种积极有效的表达自我价值、自我尊重、自我理解的意识特征和心理状态。高自信心的人通常有高活力，维护适当的自信，坚持"我一定做得到"的想法是必要的。事实上，即使有了实力，但缺乏自信，极容易陷入"做不到"的极端，从而增大自己的压力。

第二，控制自己的情绪。不同的个体对压力的承受能力是不同的。人类的情绪反应源于对外界事物的评价。许多与压力有关的问题是由非理性和不正确的思维引起的。在面对压力时，暴怒、抑郁、焦虑是最常见的反应，所有反应都是人类对外界刺激所作出的情感反应。大学生不能控制事件本身，却能控制自己对事件的认知和情绪反应。

第三，有效管理时间。时间压力通常是现代人最大的压力。现在关于如何管理和利用时间的书籍很多，关于时间管理的咨询机构也在大规模出现。然而大部分人在时间管理方面仿佛越来越糟糕。消除时间压力源和有效管理时间的技能大致有两个方面：一方面是有效地利用每一天的时间；另一个方面是长远打算。

第四，学会放松自己。放松是指身体或精神由紧张状态朝向松弛状态的过程，当压力事件不断出现时，持续数分钟的放松，比一小时睡眠的效果还好。常见的放松方法有游泳、散步、听音乐等。此外，还可以学习放松训练的应付压力技术，是机体主动放松来增强自我控制能力的方法。通过放松，有意识地控制自身的心理和生理活动，可以降低机体唤醒水平，增强适应能力，调节压力反应造成的心理生理功能紊乱。放松的方式有很多种，如全部放松、渐进放松、直接放松、想象放松、静坐放松、呼吸放松、肌肉控制放松等。

第五，坚持体育锻炼。体育锻炼可以明显地减轻压力。因为一方面体育锻炼使身体健壮，精力充沛，应付能力增强；另一方面，用于锻炼的时间减少了暴露于压力情境的时间，某些锻炼如散步、慢跑等还提供了一个调整心态的机会，可以对问题加以反思，寻求解决问题的策略。体育锻炼应以适量和娱乐性为原则，过量的运动不但不能减轻压力，本身也会成为新的压力源。

二、压力管理的技巧

应对压力的关键在某种程度上依赖于人的可塑性，即人们能够在多大范围内改变自己以及自己的生活。大学生应当认识到，认识环境的方式比认识环境本身重要得多。

（一）对压力的正确认识

压力对大学生的影响，按程度可分为三个层次：轻度压力、高度压力及中度压力。

第一，轻度压力：在轻度压力下大学生会觉得放松、平静。

第二，高度压力：在高度压力之下，大学生不能发挥平常应有的能力，出现上面提及的种种精神症状。

第三，中度压力：适当的压力会让大学生觉得舒适；在适当的压力范围内大学生能更有活力，积极地参与生活。

过度压力的危害是巨大的，但并不是说压力对人没有一点好处。人如果长期缺乏刺激就会出现心理和生理问题，缺乏刺激所带来的危害，与压力所带来的危害不相上下。压力是生活的一部分，在某些情况下，人们为了达到成功还会有意创造一些压力。有些人只有在经历某种必要的压力时工作才会完成得更加出色。

随着社会生活节奏的加快，缺乏刺激仿佛成了很遥远的事情。为了完成工作和学习目标，为了不让自己落后于时代的步伐，人们每天通过各种途径接受大量的信息和知识，并对这些信息进行认真而艰苦的分析、归类和判断；同时，还要小心谨慎地处理同周围人的关系。换言之，过度的压力已经成了这个时代的一个特征。

实际上，人们所感受的压力大小，并不源于生活事件本身，而是源于自己怎样看待它。压力是个体主观认识评估的结果，而非决定于压力源。大学生对压力要有明确的认识和态度，要充分认识压力及其可能导致的后果。当我们认识到现实生活中充满竞争，心理压力无法消除时，就可能对已出现的和将要出现的压力有一定准备。大学生还应当清楚，认识环境的方式比认识环境本身重要得多，正是因为对环境的观察使人们产生了反应。人们的不同反应正是应对压力的关键所在。

（二）对压力的评鉴

不同的人因为不同的事情而感受到压力。要想解决压力问题，大学生首先应当弄明白自己的生活中究竟哪一部分失控，也要知道哪一部分处理得很好。寻找压力来源的最好方法，就是做个压力日志，主要记录两个方面：一是每时每刻的压力种类和大小；二是自己会感觉到压力的原因，以及是如何感觉到的。

有时候，人们会很明显地感觉到压力，但是有时候并不那么明显。即使人是受制于繁忙的生活，人体内的压力也会以其他的方式爆发出来。压力的表现症状体现在四个方面：第一，精神症状：精神不集中，大脑空白，缺乏幽默感。第二，情感症状：愤怒，焦急。第三，身体症状：虚弱，头痛，失眠。第四，行为症状：哭泣，习惯性动作（轻敲脚尖、咬指甲、嚼头发），喊叫。

（三）对压力的控制

在压力与外界刺激之间存在联系：在没有外界刺激的情况下，人们也会感到压力，同样，外界刺激可能根本不产生压力状态。

压力与外界刺激并不是密不可分的，这就是压力控制的秘诀所在。压力与感知环境有很大关系，从某一个角度来解释一件事或许会感到压力，而从另一个不同的角度解释则会感觉良好。同样，个体可能面对真实的威胁而感到非常平静。当处于某一环境时，个体拥有的技能与信念决定是否从中感到了压力。技能可以改进，信念可以修正，而环境也可以改变。所有这些意味着大学生拥有"控制压力"的力量。

《第七章》 大学生职业生涯规划与创新创业技能培养

第一节 生涯决策

一、生涯决策的目标

科学决策的前提是确定决策目标，是作为评价和监测整个决策行动的准则，不断地影响、调整和控制着决策活动的过程，一旦目标错了，就会导致决策失败。一项决策在确定后，能否最后取得成功，除了决策本身外，还要依靠对决策运行的控制与调整，包括在决策执行过程中的控制，以及在决策确定过程中各阶段的控制。一旦确定了职业目标，就要为实现自己的职业目标进行准备：一是获取从事该项职业的知识和技能；二是培养获取这种职业的意识以及这种职业要求的综合能力；三是训练归零思考，从问自己是谁开始，然后继续提出问题。

二、生涯决策的分类

决策是做决定并付诸实施的过程，即对一个问题产生解决要求，经过思维活动做出行动决定并付诸实施的全部过程，也是提出问题、分析问题、解决问题的过程。好的决策能对执行产生积极的影响，做出决策的过程就包含着推动决策的执行。决策的分类主要有以下方面：

第一，战略决策：关系未来发展方向与远景的全局性、长远性的方针方面的决策。

第二，战术决策：是执行战略决策过程中的具体战术决策。重点是解决如何整合使用资源的问题。

第三，规范性决策：在管理活动中重复出现的、例行的决策。

第四，非规范性决策：在管理活动中首次出现的或偶然出现的非重复性决策。

第五，确定型决策：指在决策所需要的各种情报资料完全掌握的情况下所做出的决策。

第六，不确定型决策：决策时所需的各种情报资料无法加以具体掌握，而客观形势又要求必须做出决定的那些决策。

第七，风险型决策：决策时只掌握了部分决策所必需的情报和资料，介于确定型决策与不确定型决策之间的一种决策。

第八，定量决策：决策目标和决策变量等应该用且可以用数量来表示的决策，如数字化、模型化、计算机化等。

第九，定性决策：决策目标和决策变量等不能用数量来表示的决策。

三、生涯决策的形态

每个人的生涯形态都是独特的，因为生计发展是终身发展的历程，生涯决策是整个历程中须不断面对的问题。生涯决策的牵动，以及决策与决策间彼此的关联与环环相扣，造成了个人独特的生涯形态。个人的职业决策反映形态，分为理性、直觉与依赖三种类型，其特性如下：

第一，理性型：此种决策形态者以合乎逻辑的方式，依据手段与目的的关系，从未来的观点搜集各项资料，经过详尽的比较后，做出最佳决定，并勇于为其抉择负责。

第二，直觉型：此种决策形态者虽能为其抉择负责，但并未考虑未来的因素，亦未进行有关资料的搜集或作合理的分析比较，其做决定的方式主要是依据个人的想象、即刻的感受和情绪反应，在急促的情况下决定。

第三，依赖型：此种决策形态者极度需要社会的赞许，以社会规范为其行事标准，其决定方式主要得依据他人的期望而做选择，因此，常将责任交付于他人。

不同决策形态者采用不同反应方式，因此，其所做的决定及其整体职业行为发展均有所差异。例如，理性型与生涯决策能力有显著的相关性，理性型倾向越高者，其生涯发展层次亦越高，直觉型的相关甚低，而依赖型的相关为负。个人受多方因素的影响而形成其职业决策形态，此形态又影响其所作的抉择。

四、生涯决策的模式与步骤

职业生涯决策模式是由知识、决策和执行三大领域结合而成的。在知识领域中包括外部职业知识和内部职业知识；在决策领域是以信息记忆和加工为基础的；在执行领域则注重元认知。职业生涯决策执行大致包括以下步骤：

第一，自我评估，找出自己的职业特点。

第二，社会和组织环境的分析，确定自己的位置。

第三，选定职业、确定职业目标，并把该目标具体详细地写出来。

第四，选定职业生涯路线，决定向哪一方向发展。

第五，制订相应的行动计划和落实措施。制定相应的行动方案，包括长期计划（如十年计划）、中期计划（五年计划）、短期计划（如年度计划）等，把目标转化为具体的实施方案和措施。

第六，评估、反馈和调整以上步骤是一个动态且闭合的系统。

五、生涯决策的困难分析

（一）生涯决策中的抉择

职业生涯中的重要决策，主要归纳为：①升学或培训的选择；②选择从业行业；③选择行业中的某种工作；④选择合适的策略来获得一个工作；⑤从多个工作机会中选择其中一个；⑥选择工作地点；⑦选择生涯发展目标或系列的升迁目标。

在面临重大职业决策时，不同的人有不同的反应。通常而言，一个决定越重要，做出最终抉择也就越困难。对于大学生而言，职业决策的过程中可能会遇到各种各样的困难，同时，也可能会产生各种各样的困惑和压力。在面对困难和压力的时候同学们有些焦虑的反应都是正常的。关键是如何辨别困难和阻碍的来源，如何排解焦虑、困惑和压力，从而能顺利地做出一个最优的生涯决定。

（二）生涯决策的影响因素

人的职业生涯发展的不同阶段有着不同的任务。在刚刚入职时，选择合适的职业是最主要的困难；在进入职业巩固期时，主要任务是适应工作任务并提高自己的职业素养；进入职业维护期则主要是为保持自己已经取得的地位，不断获取新知识和技能；在职业衰退期主要是为退休后的生活作计划和安排。职业决策困难最主要是在职业进入期，也就是大学生选择和确定职业的这个阶段。

要顺利地做出一个职业决策，需要职业决策者能够做到三个方面：一是要能够意识到自己需要做职业决策；二是要愿意做决策；三是还需要具有做出适当决策的能力，这是一个理想的职业决策状态，任何阻碍理想决策状态达到的因素，都是决策困难。要克服决策困难，做出一个理性的决策，需要我们了解到底有哪些因素会对职业决策产生影响。

职业决策困难的分类基于三个层次：第一层，困难出现在决策过程开始之前还是决策过程中。第二层，决策过程之前的困难是因为缺乏职业决策的准备，决策过程中出现的困难是由于缺乏信息或是由于信息不一致而导致的。第三层，是将第二层的三大类困难细分成了以下困难：①缺乏动机。决策之前缺乏决策的意愿，即不愿做出一个决定。②犹豫不决。对于做出决策总是有困难。③不合理的信念。对于职业决策过程有不正确认识、非理性的期望和不合理的信念。④缺乏决策过程的知识。缺乏关于如何做出明智决定的知识，特别是关于职业决策过程中特定步骤的知识。⑤缺乏关于自我的信息。决策者并不充分了解自己，如自己的兴趣、性格、能力和价值观等。⑥缺乏关于职业的信息。缺乏关于现有职业的大量信息，不了解存在哪些职业，也不了解每一种职业的特点有哪些。⑦缺乏获得信息方式的信息。不了解如何获得更多信息，不知道怎样获得帮助来使决策过程更顺利。⑧不可靠的信息。⑨内部冲突。现实需要和个人偏好不一致。⑩外部冲突。自己的决策和重要的人的意见不一致，比如父母、朋友和教师等。

（三）生涯决策的压力应对方式

在做重要决定的时候，我们会感到非常大的压力，内心会感到总是有矛盾存在。在这种情况下，为了减轻压力，消除内心矛盾，每个人都会做出自己的努力。以下分析对压力的应对方式：

第一，消极逃避的应对方式。在消极逃避的应对方式下，人们不愿意对决策进行认真的讨论，不承认有问题的存在，竭力把引发焦虑的事情排除到意识之外。

第二，积极的情绪应对方式。常用的积极的情绪应对方式包括：①向自己的朋友、教师寻求同情、理解或安慰；②用其他活动，如听音乐、健身来转移自己的注意力；③努力地置身于情境之外，更客观地考虑并争取理解它。

第三，积极的问题解决方式。积极的情绪应对只能在短时间里缓解压力，真正压力的解决有赖于问题的真正解决。有的人在应对压力时，所做出的努力是应对问题本身的。常用的积极的问题解决方式包括：①积极地采取直接行动来解决问题；②制订计划来解决问题；③向他人寻求建议和帮助。

从效果的角度来看，积极的情绪和积极的问题解决都有助于减轻压力，但从长远来看，问题解决更加有效，而改善情绪只在短期内起作用。例如，因为某门课的成绩不好而感觉压力很大时，向别人寻求安慰可以在短时间内有用，然而，更应当积极地想办法，努力去提高成绩。

（四）生涯决策的压力应对策略

第一，学会"舍得"。一个事物没有绝对的利和绝对的弊，所有的方案于自己而言都有利有弊。在进行决策时，要比较的是，对于自身而言这个方案是利大于弊，还是弊大于利；哪个方案对自己而言是利更多，弊更少。一旦确定了一个方案，要学会接受这个方案可能带来的影响。

第二，"足够好"策略。"足够好"策略，也称作满意策略，它并不需要穷尽所有可能的备选方案，然后从中选优，而是边搜索边检验，一旦发现有达到要求的方案，立即停止。因此，它所寻找的备选方案的数目要少得多，决策时间要快得多，对决策的要求也相对较低。只有最优策略才是正确的，但是由于人们的精力有限，时间有限，穷尽所有选择是不可能的。而且在不同阶段人们所掌握的信息、对事物的看法与人们的发展阶段是相一致的，所以在做决策时，保证相对有效、能够做出当下最优选择就可以了。

第三，保持适当的压力。压力适当既能充分调动个人的潜能，又是实现目标的动力。实际上存在着一个最理想的压力和焦虑水平，使人们的积极性提高，对事情的关注度增加，对人们作出良好的表现有所帮助，这种正面的压力是我们要提倡的，它与高的激励、高能量和敏锐感知相联系。

第四，以乐观态度应对压力。健康的欢笑是保持乐观向上、面对人生起伏的最好方法。面对一个压力事件，如果我们以乐观的态度对待，就会体验到相对较小的压力。乐观主义是对应对压力和健康有重要意义的个性特征。适当的幽默可以在消极事件和压力感之间起到调节作用。

第五，调整行为方式。人的行为特征分为 A 型、B 型和 C 型三种行为模式。

A 型行为模式的人，有强烈的紧迫感、竞争性强、说话中气十足，有时间紧迫感。这种人具有强烈的控制愿望，但是一旦遇到事与愿违的情况时，就会产生挫折感和敌意反应。

B 型行为模式的人，典型的特征是比较懒散、放松，没有攻击性，容易满足，脾气随和，没有远大的志向，为人持重。B 型人在面对无法控制的局面时，会在初始阶段便承认失败而认输。所以，与想掌控局面的 A 型人相比，他们所面临的压力要小得多。

C 型行为模式的人，倾向于压抑强烈的感情，特别是压抑愤怒。他们很少表达自己的负面情绪，把愤怒藏在心里，凡事忍让、顺从、压抑愤怒情绪、委屈自己谦让他人，在工作和生活当中没有主意，没有目标，不确定性多。同时尽量回避各种冲突，屈从于权威。

不同性格的人，对压力的敏感度是不一样的。A 型人格对自己要求过高，进取心强，经常对现状不满足，太过紧张，所以，这时要适当改变，才能从根本上改变对压力的敏感性。B型人格容易随波逐流，所以自己的目标没实现时，就会给他们造成压力。对C型人而言，制订清晰合适的目标，确保自己的努力方向，非常重要。同时，C型人要注意，处事要果断，在遇到难题时，不要拖延。所以，不同的人格特征的人，在面对过大压力时可以适当调适自己，以另外一种心态来对待事情。

第二节　生涯规划管理

一、生涯规划的理论依据

（一）特质因素理论

"帕森斯的特质因素理论"[①] 又称帕森斯的人职匹配理论，该理论是最早的职业辅导理论。"特质"是指个人的人格特征，包括能力倾向、兴趣、价值观和人格等，这些都可以通过心理测量工具来加以衡量；"因素"则是指在工作上要取得成功所必须具备的条件或资格，这可以通过对工作的分析来了解。每个人都有自己独特的人格模式，每种人格模式的个人都有其相适应的职业类型。选择职业的过程分为以下三个步骤：

第一，评价求职者的生理和心理特点。通过心理测量及其他测评手段获得求职者的身体状况、能力倾向、兴趣爱好、气质与性格等方面的个人资料，并通过会谈、调查等方法获得求职者的家庭背景、学业成绩、工作经历等情况，并对这些资料进行评价。

第二，分析各种职业的要求，并向求职者提供有关的职业信息，包括：职业的性质、工资待遇、工作条件，以及求职的最低条件（如学历要求、能力要求、身体要求）等。

第三，人职匹配。在了解求职者的特性和职业要求的各项指标的基础上，选择一种适合个人特点又有可能得到并能在职业上取得成功的职业。

[①] 帕森斯的特质因素理论又称帕森斯的人职匹配理论，特质因素论是最早的职业辅导理论，1909年美国波士顿大学教授弗兰克·帕森斯（Frank Parsons）在其《选择一个职业》的著作中提出了人与职业相匹配是职业选择的焦点的观点，他认为，个人都有自己独特的人格模式，每种人格模式的个人都有其相适应的职业类型。所谓"特质"，就是指个人的人格特征，包括能力倾向、兴趣、价值观和人格等，这些都可以通过心理测量工具来加以评量。所谓"因素"，则是指在工作上要取得成功所必须具备的条件或资格，这可以通过对工作的分析而了解。

（二）生涯发展理论

舒伯[①]把生涯发展看成一个持续渐进的过程，由童年时代开始一直伴随个人的一生。

舒伯的生涯发展理论将生涯的过程分为成长阶段（0—14 岁）、探索阶段（15—24 岁）、确立阶段（25—44 岁）、维护阶段（45—65 岁）和衰退阶段（65 岁以上）五个阶段，而生涯发展的过程在每个阶段都有其独特的职责和角色，以及不同的发展任务，且前一阶段发展任务的完成情况会影响下一阶段的发展。

从舒伯的生涯彩虹图[②]中，我们可以看到生涯规划立体化了。从长度上看，它包括了一个人从生到死的全部生命历程；从空间上看，该过程并不局限于对职业角色的关注，同样重视非职业角色对一个人生涯的影响。舒伯认为，持家者、公民、休闲者、学生、子女、配偶、退休者等角色和工作者的角色都是一个人自我概念的具体表现。所谓"自我概念"，就是指个人对自己的兴趣、能力、价值观及人格特征等方面的认识和主观评价。一个人的自我概念在青春期以前就开始形成，至青春期较为明朗，并于成人期由自我概念转化为生涯概念。工作与生活满意的程度，有赖于个人能否在工作上、职场中，以及生活形态上找到展现自我的机会。

（三）职业兴趣理论

霍兰德的职业兴趣理论[③]认为，人格特质可以分为六种类型，即现实型（R）、研究型（I）、艺术型（A）、社会型（S）、企业型（E）、常规型（C）。为了便于描述，霍兰德将这六种人格类型放在一个正六角形的每一角。其中，相邻人格类型的共同点较多，相隔人格类型的共同点较少，相对人格类型的共同点最少。相应地，职业环境也可分为同样的六种类型，人格特质与职业的匹配见表7-1。

---

①舒伯（Donald E. Super）1953 年在《美国心理学家》杂志发表文章，提出"生涯"的概念。舒伯是世界职业规划与生涯教育领域最具权威性的人物，是全球最有影响力的生涯发展研究者，为世界职业规划与生涯教育领域做出了"无与伦比的不朽贡献"，被誉为"超级思想家"。

②生涯彩虹图是舒伯为了综合阐述生涯发展阶段与角色彼此间的相互影响，创造性地描绘出一个多重角色生涯发展的综合图形。

③约翰·霍兰德（John Holland）是美国约翰·霍普金斯大学心理学教授，美国著名的职业指导专家。他于1959 年提出了具有广泛社会影响的职业兴趣理论。

表 7-1 人格特质与职业的匹配

人格特质	劳动者	职业
现实型	①愿意使用工具从事操作性工作；②动手能力强，做事手脚灵活，动作协调；③不善言辞，不善交际	各类工程技术工作、农业工作，通常需要一定体力，需要运用工具或操作机器，如工程师、技术员、机械操作工、矿工、木工、电工、鞋匠、司机、农民、牧民和渔民等
研究型	①抽象思维能力强，求知欲强，肯动脑，善思考，不愿动手；②喜欢独立的和富有创造性的工作；③知识渊博，有学识才能，不善于领导他人	科学研究和科学实验工作，如自然科学和社会科学方面的研究人员、专家；化学、冶金、电子、无线电、电视、飞机等方面的工程师、技术人员；飞机驾驶员、计算机操作员等
艺术型	①喜欢以各种艺术形式的创作来表现自己的才能，实现自身的价值；②具有特殊艺术才能和个性；③乐于创造新颖的、与众不同的艺术成果，渴望表现自己的个性	各类艺术创作工作，如音乐、舞蹈、戏剧等方面的演员、编导、教师；文学、艺术方面的评论员；广播节目的主持人、编辑、作者；绘画、书法、摄影家，艺术、家具、珠宝、房屋装饰等行业的设计师等
社会型	①喜欢从事为他人服务和教育他人的工作；②喜欢参与解决人们共同关心的社会问题，渴望发挥自己的社会作用；③比较看重社会义务和社会道德	各种直接为他人服务的工作，如教师、保育员、行政人员、医护人员、衣食住行服务行业的经理、管理人员和服务人员等
企业型	①精力充沛、自信、善交际，具有领导才能；②喜欢竞争，敢冒风险；③喜爱权力、地位和物质财富	组织与影响他人共同完成组织目标的工作，如企业家、政府官员、商人、行业部门和单位的领导者、管理者等
常规型	①喜欢按计划办事，习惯接受他人指挥和领导，自己不谋求领导职务；②不喜欢冒险和竞争；③工作踏实，忠诚可靠，遵守纪律	与文件档案、图书资料、统计报表相关的各类科室工作，如会计、出纳、统计人员；打字员；办公室人员；秘书和文书；图书管理员；旅游、外贸职员、保管员、邮递员、审计人员、人事职员等

如果人格特质与职业环境重合，说明两者匹配性最佳；两者较为相近，说明个人经过努力可适应新的职业环境；两者重合度最差，说明个人很难适应新的职业环境。

（四）职业生涯发展理论

金斯伯格[①]将职业生涯的发展分为幻想期、尝试期和现实期三个阶段。

第一，幻想期（11岁之前）。处于11岁之前的儿童对他们所看到或接触到的各类职业从业者（如父母、老师、军人、演员甚至动物园管理员等）都充满了好奇和向往，幻想着长大后做他们那样的人、干他们所干的工作，甚至在装扮、语言和行为上进行模仿。幻想期职业需求的特点是：单凭自己的兴趣爱好选择职业，不考虑自身的条件、能力水平、社会需要与机遇，完全处于幻想之中。

第二，尝试期（11—17岁）。尝试期是接受中等教育，由少年向青年过渡的时期。在这一时期，人的心理和生理均在迅速成长、发育和变化，逐渐出现了独立的意识，产生了基本的价值观，知识逐步累积，能力显著增强，初步获得社会生活经验。尝试期职业需求的特点是：注意自己的职业兴趣，开始客观地审视自身各方面的条件、能力和价值观，开始注意各种职业的社会地位，以及社会对该职业的需要。

第三，现实期（17岁以后）。现实期的人们完成了中等教育，有一部分人即将步入社会劳动，此时他们能够客观地把自己的职业愿望或要求同自己的主观条件、能力，以及社会现实的职业需要密切联系和协调起来，寻找适合自己的职业角色。现实期职业需求的特点是：已有具体的、现实的职业目标，讲求实际。

（五）职业锚理论

职业锚理论[②]是由美国著名的就业指导专家埃德加·施恩教授提出的。施恩认为，职业生涯规划是一个持续不断的探索过程，随着一个人对自己越来越了解，就会越来越明显地形成一个占主要地位的"职业锚"。这个所谓的"职业锚"是指当一个人不得不做出选择的时候，无论如何都不会放弃的职业中的那种至关重要的东西或价值观，即人们选择和发展职业时所围绕的中心，可以简单地理解为职业定位。职业锚分为以下八种类型：

第一，技术/职能型。拥有技术/职能型职业锚的人追求在技术/职能领域的成长和技能的不断提高，以及应用这种技术/职能的机会。他们喜欢面对来自专业领域的挑战，但不喜欢从事一般的管理工作，因为这意味着他们将放弃在技术/职能领域的成就。

[①]金斯伯格的职业生涯发展理论是美国著名的职业指导专家、职业生涯发展理论的先驱和典型代表人物——金斯伯格（Eli Ginzberg）提出的理论，研究的重点是从童年到青少年阶段的职业心理发展过程。

[②]职业锚理论产生于在职业生涯规划领域具有"教父"级地位的美国麻省理工大学斯隆商学院教授、美国著名的职业指导专家埃德加·H. 施恩（Edgar H. Schein）领导的专门研究小组，是由该学院毕业生的职业生涯研究演绎而成的。

第二，管理型。拥有管理型职业锚的人追求并致力于工作晋升，倾心于全面管理，可以跨部门整合其他人的努力成果，想去承担整个部门的责任，并将公司的成功与否看成自己的工作。

第三，自主/独立型。拥有自主/独立型职业锚的人希望随心所欲地安排自己的工作方式、工作习惯和生活方式。追求能施展个人能力的工作环境，最大限度地摆脱组织的限制和制约。

第四，安全/稳定型。拥有安全/稳定型职业锚的人追求工作中的安全与稳定感，但并不关心具体的职位和具体的工作内容。

第五，创业型。拥有创业型职业锚的人希望依靠自己的能力去创建属于自己的公司或创建完全属于自己的产品（或服务），而且愿意冒险，并克服面临的障碍。一旦感觉时机到了，便会自己走出去创建自己的事业。

第六，服务型。拥有服务型职业锚的人一直追求他们认可的核心价值，如帮助他人、改善工作环境等。

第七，挑战型。拥有挑战型职业锚的人喜欢解决看上去无法解决的问题，战胜强硬的对手，克服无法克服的困难障碍等。对他们而言，参加工作或职业的原因是工作允许他们去战胜各种不可能。

第八，生活型。拥有生活型职业锚的人希望将生活的各个主要方面整合为一个整体。正因为如此，需要一个能够提供足够的弹性让他们实现这一目标的职业环境。

二、生涯规划的具体原则

第一，社会需求原则。职业是一种社会活动，它必定受到社会的制约，如果职业脱离社会需求，将很难被社会接纳。大学生进行职业生涯规划时要把握社会对人才的需求状况，以社会需求作为出发点和归宿，这样的职业生涯规划才具有现实性和可行性。此外，个人的职业发展与社会发展有着密切关系。个人要求社会提供适宜发展的条件，满足个人的需要；同时，个人也必须为社会做出贡献，完成自己的社会义务。个人的发展必须顺应社会的发展，在追求个人发展的同时，不仅不能损害社会发展，还要推动社会发展。只有社会发展得好，社会中的每一位成员才可能有更好的自我发展。

第二，利益结合原则。利益结合原则即个人发展要与企业发展和组织发展相结合，应处理好个人与企业、个人与组织间的关系，寻找个人发展与企业发展、组织发展的结合点。个人的职业发展，无论是就业还是自主创业，都离不开企业或其他社会组织。个人是在一定的组织环境和社会环境中发挥才干的，必须接受组织的现实状况，认可组织的目标和价值观念，并把自己的价值观念、知识技能和刻苦努力集中于组织的需要和发展上。因此，在进行职业生涯规划时应遵循利益结合原则，对自己进行恰当的定位。

第三，提升能力原则。职业生涯规划必须与提高综合能力相结合。知识经济时代是崇尚创新、呼唤创造力的时代。因此，在自我的职业生涯规划中，应注重培养推陈出新、追求创意、以创新为荣的意识；要使自己具有广博的知识和开阔的视野；要确立终身学习的思想观念，不断更新知识结构，有针对性地"充电"，以适应瞬息万变的社会形势，跟上时代发展潮流；要注重个性发展，要用已有知识探索未知世界，解决新问题，创造新机会，努力成为社会的强者。在此过程中，还应认识到个人智慧的局限性，认清团结协作的重要性，培养团队精神；在人际关系中培养良好的沟通能力，与他人友好合作。

第四，时间梯度原则。时间梯度原则就是根据自己的短期目标和中长期目标，确立每一个目标的开始时间和结束时间，按期完成任务。没有明确的时间规定，就会失去职业生涯规划的目的和意义。

第五，发展创新原则。发展原则包括两个方面的含义：一是综合考虑时间和地域因素，确定这个职业未来有无前途。例如，很多资源性行业尽管当前效益很好，但一旦资源枯竭，企业和个人都要面临艰难的转型。二是要确定这个职业是否符合自己的兴趣，能否发挥自己的专长，自己在这个职业岗位上有无发展前途。创新原则是指在职业生涯发展过程中不断创新，开拓新思路，使用新方法，发现新问题，制定新目标。我们可以分析许多成功人士的职业生涯发展历程，并以此作为自己进行职业生涯规划的重要参考。

第六，综合评价原则。综合评价原则即对职业生涯进行全过程和全方位的综合评价。一个人的发展是分阶段的，发展目标也是分阶段完成的，因此要注意对阶段目标的进展和实现情况进行评价，适时进行反馈和调整，使职业生涯朝着正确的方向发展。同时，综合评价原则也可以促进个人在职业生涯、个人事务、家庭生活三方面协调发展。

三、生涯规划的目标制定

职业生涯设计不仅是制作一份完美的文案，不是写给别人看的，而且是自己经过深思熟虑制订其一生职业生涯发展的目标和行动方案，是人生目标和奋斗的统一体，是计划与行动的统一体。因此，大学生在校期间为了给职业生涯发展打好基础，使阶段性规划变成现实，就需要进行知识和技能的培养与开发。为此，要围绕职业生涯目标制订个人行动计划。

第一，确立自信。职业生涯规划，是自己的人生蓝图，要把蓝图变成现实，首先需要确立自信。自信心是一个人事业成功的重要因素之一，是事业发展的动力源泉。自信，是来自心灵深处的自我认可。踏实、谦虚是自信的表现。自信是一种独特的人格魅力，拥有这种魅力的人，懂得如何取别人之长补自己之短，自信能战胜失败，自信可以在逆境中不改初衷。相信自己只要朝着目标方向努力就能成功。

第二，计划制订要切合实际。在校生在做职业生涯规划时往往志向远大，但如果脱离实际就有好高骛远之嫌。因此，制订行动计划时一定要紧密联系实际。根据自己的职业倾向和现有的基础条件，以及学校和周围环境的条件制订切实可行的计划。所谓"切实可行"，首先，是符合职业生涯发展目标；其次，是计划具有可操作性，符合自己所处的环境，通过自己的努力是完全可以实现的；最后，是计划的制订和自己的学业紧密相关，两者相得益彰。

第三，计划制订的方法。计划制订首先要依据职业目标，将职业需求的目标进行分解，特别是对各项知识和能力的分解，形成各种阶段性目标。依据目标形成任务，依据任务制订完成任务的方法措施和时间进程。在校学生要从一入学就开始职业探索和规划，一旦明确了职业方向，就抓紧制订行动计划，有意识地将自己引向梦想的职业生涯。

四、生涯规划的影响因素

影响生涯规划的因素有很多，可简单归纳为外部因素和内部因素两个方面。

（一）生涯规划的外部因素

1. 社会环境因素

（1）政治环境。政治环境主要包括社会政治制度、政治状况以及社会法制的完备程度。我国市场经济已初步形成并步入正轨，这为各种人才成长发展提供了前所未有的机遇。但同时人才竞争日趋激烈，大学生就业环境看起来不容乐观，因此，大学生应在分析好社会现状的基础上，有针对性地做好职业生涯规划。

（2）经济环境。经济环境是影响职业选择和职业发展的重要因素，具体而言，经济环境方面的因素主要有以下方面：

第一，经济形势因素。经济形势的变化对职业的影响是最为明显且最为复杂的。当经济处于萧条时期，企业效益降低，对人力资源的需求减少，因而职业选择和职业发展的机会减少；当经济处于高速发展时期，企业处于扩张阶段，对人力资源的需求就会增加，职业选择和职业发展的机会也就随之增多。

第二，经济发展水平因素。在经济发展水平高的地区，企业相对集中，优秀企业也会比较多，个人职业选择的机会就比较多，因而就有利于个人的职业发展；反之，在经济落后的地区，个人职业选择的机会相对而言就比较少。

第三，收入水平因素。社会对人力资源的需求是一种派生需求，当人们的收入水平提高时，对商品消费的需求会增加，企业扩大生产，从而增加对人力资源的需求，职业选择和职业发展的机会增多；相反，职业选择和职业发展的机会减少。

（3）社会文化环境。社会文化环境包括教育条件和水平、社会文化设施等。在良好的社会文化环境中，个人能得到良好的教育和熏陶，从而为职业发展奠定坚实的基础。社会文化是影响人们行为、欲望的基本因素，社会文化反映着个人的基本信念、价值观和规范的变动。社会文化的复杂性决定个人职业选择与职业发展要考虑组织（企业）所在地的文化因素。大学生在进行职业生涯规划时，主要应了解的内容包括：社会政策，主要是人事政策和劳动政策；社会变迁，如知识经济和信息化社会的发展；社会价值观，价值观会随着社会的不断发展和进步而发生不同程度的变化，从而会影响社会对人的认识和对职业的要求；科学技术的发展，科技的发展会带来理论的更新、观念的转变、思维的变革、技能的补充等，而这些都是职业生涯规划中不可或缺的因素。

（4）教育环境。现代教育体制改革使更多的年轻人有接受高等教育的机会，这使得高学历人才迅速增多，高素质人才的竞争将更为激烈。另外，技术工人匮乏，掌握一至两项实用技术，成为高级蓝领，也是不错的职业选择。

2. 组织环境因素

组织环境主要包括组织外部环境和内部环境两个方面。

（1）组织外部环境。组织外部环境是指存在于行业之中、组织之外，组织不能控制但是能对组织决策和绩效产生影响的外部因素的总和。主要包括组织在本行业中的地位和状况及发展前景、所面对的市场状况、产品在市场上的发展前景、能够提供的岗位等。

（2）组织内部环境。组织内部环境主要包括：组织规模和组织结构；组织实力、声誉和形象；组织文化、组织氛围和人际关系状况；组织发展战略和发展态势；目前的产品、服务和活动范畴，市场发展前景；组织领导人与组织政策和组织制度；组织人力资源开发与管理状况，如人力资源需求、晋升发展政策、工作评估等；工作设施设备条件和工作环境等。

3. 家庭环境因素

家庭是个人成长最核心的环境，任何人的性格和品质的形成及个人的成长都离不开家庭环境的影响。子女与父母的关系、家庭的社会经济地位、父母的管教方式、父母对子女未来职业的期待以及期待程度、父母的职业身份和父母的榜样作用等，均会在不同层面对大学生的职业生涯发展起到不同程度的影响作用，因此，我们经常看到教育世家、艺术世家、商贾世家等。如果大学生个体自我认知程度越高，将自身兴趣与专业选择和职业生涯发展结合越紧密，那么，家庭因素对他的影响也就相对越小。

大学生在进行职业生涯规划时，一方面要考虑家庭的经济状况、家人期望、家族文化等因素对本人的影响；另一方面，个人在成长过程中，在不同时期也要根据自己的成长经历和所受教育的情况，不断修正、调整，并最终确立职业理想和职业规划。正确而全面地衡量家庭情况才能有针对性地设计自己的职业生涯规划。

（二）生涯规划的内部因素

1. 气质因素

气质是指人们心理活动的速度、强度、稳定性和灵活性等方面的心理特征，是神经类型特征在人的行为上的表现。一般而言，气质分为胆汁质、多血质、黏液质和抑郁质四种类型，每一种气质都有其积极方面和消极方面。气质对个体的职业生涯规划有一定的影响，不同气质的人适合从事不同类型的职业。

（1）胆汁质。胆汁质的人精力旺盛，热情直率，激动暴躁，情绪体验强烈，神经活动具有很强的兴奋性，反应速度快却不灵活。能以极大的热情去工作，克服工作中的困难，但若对工作失去信心，情绪就会低沉下来。这类人适宜竞争激烈、冒险性、风险意识强的职业，如探险、地质勘探、登山和体育运动等。

（2）多血质。多血质的人活泼好动，性情活跃，反应敏捷，易适应环境，善于交际。他们工作能力较强、情绪丰富且易兴奋，但注意力不稳定，兴趣易转移。这类人对职业有较广的选择范围和机会，适合从事要求迅速灵活反应的工作，如导游、外交、公安、军官等，但不适宜从事单调机械的工作和要求细致的工作。

（3）黏液质。黏液质的人情绪兴奋性低，安静沉稳；内倾明显，外部表现少，反应速度慢，但稳定性强，偏固执、冷漠；比较刻板，有较强的自我克制能力，能埋头苦干，态度稳重，不易分心，对新职业适应慢，善于忍耐。这类人适合于从事要求稳定、细致、持久性的职业，如会计、法官、外科医生等，但不适宜从事具有冒险性的工作。

（4）抑郁质。抑郁质的人敏感，行动缓慢，情感体验深刻，观察力敏锐，易感觉到别人不易觉察的细小事物，易疲倦、孤僻，工作耐受性差，做事审慎小心，易产生惊慌失措的情绪，往往是多愁善感的人，这类人适合于要求精细、敏锐的工作。

事实上，大多数人总是以某种气质为主，又附有其他气质。所以，大学生在职业选择中，一定要找到适合自己气质类型的工作。

2. 性格因素

性格是个人对现实的稳定态度和习惯化了的行为方式中表现出来的个性心理特征。从广义上讲，性格是行为方式、心理方式、情感方式的总和，集中反映了一个人的心理面貌。此外，性格影响着一个人对职业的适应性，一定的性格适合从事一定的职业，同时，不同职业对从业者也有不同的性格要求。因此，大学毕业生在考虑或选择职业时，不仅要考虑自己的性格特点，还要考虑性格与职业相匹配。

性格与职业相匹配是指个人在选择职业时，应根据自己的性格来选择与个人性格相适应的职业。于组织而言，则应该根据职业要求挑选相应性格的人。人们通常将人的性格分为外向型和内向型。一般而言，外向型性格的人更适合与人接触的职业，如管理人员、教师、推销员等；内向型性格的人更适合有计划、稳定且与人接触较少的职业，如会计师、技术人员和科学家等。当然，在实际生活中，纯粹的外向或内向的人是很少的，绝大多数人是混合型。此外，外向与内向是相对而言的，没有一个确切的标准。因此，我们不能轻易给自己的性格类型做结论，还应通过咨询和自我测验来确认自己的性格类型。

3. 兴趣因素

兴趣是个体积极探究事物的认识倾向，这种倾向带有稳定、主动、持久等特征。当兴趣的对象指向某一职业时，就称之为职业兴趣。如果一个人对某种工作产生兴趣，在工作中就会具有高度的自觉性和积极性，就容易做出成就；反之，则会影响工作的积极性。

大学生在择业过程中应适当考虑自己的兴趣和爱好，不能为了暂时的眼前利益而选择自己不感兴趣的职业，否则不仅不能充分施展自己的才能，甚至可能会贻误终身。即将毕业的大学生要对自己的兴趣进行客观分析，同时还要确立正确的人生志向，调整自己的兴趣爱好，适应社会的需要，争取找到适合自己兴趣的职业，最大限度地发挥自己的聪明才智。

当然，任何人的职业兴趣都不是与生俱来的，而是以一定的素质为前提，是在生活实践过程中逐步发生和发展起来的。如果一个人缺乏某种职业知识，或者根本不了解这种职业，那么就不可能对这种职业感兴趣。因此，一个人只有广泛地了解职业知识，多参加相关的职业活动，才可能真正显示和发现自己的职业兴趣所在。

4. 能力因素

能力是指人们成功地完成某种活动所必须具备的个性心理特征，是人们在社会实践中所表现出的身心力量。一个人的能力高低会影响他掌握各种活动的成绩，影响一个人的活动效果。能力是求职者开启职业大门的钥匙。个人只有选准了与自己能力倾向相吻合的职业才能如鱼得水，否则，就会影响职业活动的效率。

能力包括一般能力和特殊能力，不同的职业要求从业者有不同的能力。个人的职业能力通常可分为一般语言能力、数理能力、空间判断能力、察觉细节能力、书写能力、运动协调能力、动手能力、社会交往能力和组织管理能力九个方面。例如，教师、播音员、记者等职业要求从业者有较强的语言能力；统计、测量、会计等职业要求从业者有较强的数理能力；而画家、建筑师、医生等职业对从业者的形态知觉能力要求颇高。

第三节　新兴职场技能

一、职场礼仪技能革新

进入职场，需要有基本的职业技能，职场礼仪指的是人们在职业场所应该遵守的一系列礼仪规则。大学生进入职场之后，每个人都需要确立和保持塑造自己职业形象的意识。

（一）交往礼仪

1. 握手

（1）握手的顺序。在职场生活中，必须积极握手。如果一个人想和很多人握手的话，顺序是：先年长的再是年轻的，先是主人接着是客人，先是上司后是下属，先是女性后是男性。

（2）握手的方式。握手时，向前大约走一步，上身微微前倾，双脚并拢站立，伸出右手，四指并拢，虎口相交，拇指张开。男性与女性握手时，通常只握对方的手指，不应握得太紧，时间控制在3~5秒内。

（3）行握手礼需要注意以下方面：

第一，握手时尽量不要把另一只手放在口袋里或拿着东西。

第二，不要无表情，或作长篇大论，点头哈腰，握手时不要过分礼貌。

第三，握手时不要只握住对方的指尖。

第四，握手时不要拉对方的手，不要向上、向下、向左、向右推或摇动。

第五，不要直接拒绝握手，如果手比较脏或出汗，要对对方说："对不起，我的手现在不方便。"以避免不必要的误解。

2. 称呼

人与人交往中使用的称谓和称呼，是用来指代某人或获得某人的注意，表达人的不同想法的重要手段。在较为正式的场合里，不能使用的称呼如下：

（1）无称呼。没有称呼就跟人去搭话、交谈，这种做法可能会引起误解，所以要忌讳。

（2）替代性称呼。例如，医院里的护士喊床号"十一床"、服务行业称呼顾客几号、"下一个"等等，这是很不礼貌的行为。

（3）容易引起误解的称呼。因为习俗、关系、文化渊源等的差异，最好避免使用一些容易引起误解的称呼。

由此可见，称呼是沟通的开始。谨慎地使用称呼，聪明地使用称呼，恰当地使用称呼，会给人留下好印象，有助于人际关系顺畅地进行。

3. 名片

名片是一个人身份的象征，已经成为人们社会活动的重要工具。因此，名片的传递、接受和保管也要注意社交礼仪。

（1）递名片。名片交换的顺序通常是"先客后主，先低后高"。与多人交换名片时，要按照位置的先后顺序进行，或者由近及远，依次进行。交付时，名片须从正面交付给对方，并用双手交付。

（2）收名片。当接收一张名片时，应该站起来，微笑着看着对方。当接收一张名片时，应该说"谢谢"。然后是微笑着阅读名片的过程。当阅览时，可以读对方的名字，看对方的脸，给对方一种重要的满足感。如果没有名片，应该向对方致歉。在对方离开之前，或者话题还没说完时，没必要急着去把对方的名片收起来。

（3）存名片。不要随意拿别人的名片，不要把它扔在桌子上，也不要随便放在口袋里，或者把它扔在包里，而是应该放在西装左胸的袋里或者名片夹里以示尊重。

（二）通联礼仪

1. 信函

信函，又被叫作书信，是人类最古老和最常见的交流方式。如今，在官方交流中，信函仍然是员工常用的有效形式和沟通方式之一。一般而言，单位及其员工在公务往来中使用的信函也称为公函。与普通信函相比，由于官方信函用于正式场合，通常对礼仪有更规范的要求。一般而言，公司员工在使用公函时，要注意修辞得当、表达清晰、内容完整、格式正确、行文简洁等五大要点。要遵从礼貌、清晰、完整等原则，在使用官方信函时，礼仪规则应主要用于信函、申请信函等的书写。此外，电子邮件的书写也应该注意礼仪规则。

（1）写作信函。写公函要反复考虑信的内容和格式，应该认真对待以下四个具体问题：

第一，抬头。一般公函由三部分组成：标题、正文和结尾。作为一封公函的开头，开头不是随便写的，应该仔细写。标题的基本内容包括标题和抬头，两者都要根据具体对象进行适当处理。标题术语应准确。写信时，必须称呼收信人的头衔。致电收件人的注意事项见表7-2：

表 7-2　致电收件人的注意事项

收件人	准确称呼术语
名字和标题必须正确	在任何官方信函中，不允许出现弄错收件人的姓名和头衔。称呼收件人，有时可以只叫他的姓，省略名字，但是不能直接用"它"或者没有称呼
允许直接发函的相关单位或部门作为标题中的标题条款	在很多情况下，标签是由相关单位或部门直接作为收件人授权的
中性名词可以用来称呼接收者	当收件人的性别不清楚时，用不需要性别识别的中性名字称呼对方更安全，如总裁、经理、首席代表等
不要滥用称号	第一次给人写信的时候，一是不要滥用标题。先生、小姐等称呼，在不清楚收件人性别的情况下，不宜使用。不要为省事，就只用先生或小姐来称呼。不要使用阁下和相关人员这样的特殊头衔。二是称呼要到位。有时有必要在标题前使用提称语。所谓提称语，就是提高称呼的词语。在官方信函中引用提称语是关键。一般而言，官方信函中最标准的提称语是受到尊重的。普通公函也可以不用提称语。社会场合使用的尊鉴、台鉴、钧鉴等古典语录，以及亲爱的等西式语，在国外场合使用的，一般不适合在普通公文中使用

第二，正文。在官方信件中，正文是中心内容。写信函时，记住主题清晰、有逻辑、表达清晰、简洁。撰写正式信函的注意事项见表7-3：

表 7-3　撰写正式信函的注意事项

重点	具体内容
注意人称使用	在官方信件中，如果想表达随和自然，应该用第一人称。如果是针对官方和严肃的事务，可以使用第三人称。
主要内容	一张标准公函的内容应该像一个倒金字塔，越重要的内容越应该放在前面。所以在正文开始的时候，要坦诚说出收件人最应该知道的信息，以及收件人最想知道的信息。
把主要内容放前面	无论如何，读一封又长又费时的公函会很无聊，所以写公函的时候要注意控制自己的篇幅，力求简洁。总而言之，语汇短、句子短、段落短、篇幅短，这四短，是写公函必须遵守的铁律。
一封信说一件事	为了保证公函工作的准确性，尽量减少篇幅，最好一封信只讨论一件事。这不仅突出主题，也限制了篇幅
语言容易理解	虽然官方信函使用书面语言，但作者应该尽量使它们生动、活泼、礼貌和自然，不应该使它们非常粗俗或过于华丽
信息正确	必须确保公函传递的信息是正确的，要做到：避免书写错误，避免使用不正确的标点符号；避免滥用语言、典故和外语；不应该使用过于生僻的词语或容易产生歧义的例子
文书工作干净整洁	一般而言，官方公函最好打印，而不是手写，这样可以保证纸张干净整洁。避免随意涂写和填充，即使需要手写。此外，不要在公函上涂改或写到网格外，不要漏词，不要用汉语拼音替换原字
避免泄露秘密	常见的公函不应在字里行间直接或间接涉及商业机密

　　第三，结尾。在公函中，最后一部分对写作的基本要求是全面而具体的。一般而言，公函的结尾组成部分见表 7-4：

表 7-4 公函的结尾组成部分

结尾	具体内容
祝福	祝福是写作者对收信人的例行祝福，它的大部分内容是常规的，可以适当使用，但不能没有
附问语	附问语指向收件人发送问候或代其问候收件人周围的人。可写可不写
补述语	又叫作附言，是文字写完后需要补充的内容。一般公函，最好不要加补述语。如果需要使用补述语，要注意三点：单字不成行；单行不成页；字数不宜多
署名	在正式信函中，签名必须是写作者的全名。如果需要，还可以同时写上行政职务和学术职称。对于打印的信件，最好由署名人本人签名
日期	签字后，必须注明信件的具体日期
附件	在一些公函的末尾，往往会附上其他相关文件。附件必须始终附于公函，信中必须注明具体页数、件数和姓名，以便收件人检查查阅

第四，封文。通过邮件和快递发送的公函必须是书面的。封文的时候，不仅要认真，还要符合它的基本规范（表 7-5）：

表 7-5 封文的基本规范

封文	具体内容
详细地址	当封文时，为确保收件人准时收到信，或者确保信在被退回时不会丢失，请确保收件人和发件人的具体地址。不仅要写省、市、区、街、门牌号，还要写单位、部门
正确的名字	在信封上，收件人和发件人的姓名必须拼写正确。单位和部门作为收件人时，还必须注明其正确的全称
雅语	在官方信函的标题中，经常需要使用一些雅称雅语，具体包括：①邮差对收件人的称呼，将它们写在收件人的名字后面，如女士、先生等。②开场白。开场白是礼貌用语，要求收件人打开信封的敬语，如启、收启等。通常写在收件人的名字后面。③封信词。封信词代表了寄信人在封信时尊敬的意思。封词必须写在寄件人的名字后面
邮编	通过邮件发送的正式信件必须正确地包括收件地址和发件地址的邮政编码。缺少邮政编码或邮政编码不正确的公函可能会被延误甚至丢失
格式模式	信封书写通常有一定的格式。横信封有横信封的写法，竖信封有竖信封的写法；国内信件有国内信件的信封格式，国际信件有国际信件的信封格式。在使用公函印章时，要谨慎处理

（2）应用信函。根据具体用途，联系信函、通知、推荐等，通常有不同的写作要求，在写不同类型的公函时，必须符合基本要求，并考虑到自己独特的特点。

第一，联络函。联络函，也称为保持接触函，是一种特殊的信函，通常用于培养客户关系和维护客户联系。写联络函通常有五点需要注意：①找一个合适的借口送信。②简单介绍一下自身的情况。③表达对对方的关心。④表现出合作意向。在联络函中，可能想简要介绍一下意图，以便与对方进行更多的交流与合作。⑤灵活支配情感。联络函不是直接的商务信函，所以扩展应该简短，语气应该友好，主题重联系。

第二，通知函。通知函，又称为告知函，它主要用于向外界通报交易的具体情况或业务的具体进展。写信时，应该注意五点：①介绍客观情况。②注意引入的连续性。③告知自己的未来规划。在介绍客观情况时，还应该告知接受者自己采取的对策和行动。④促进相互合作。这封信的目标之一是促进收件人和发件人之间的合作。⑤表达委婉。我们必须努力避免语气过重、勉强。

第三，确认函。确认函是专门用来确认某事的信，写起来有更高的监管要求。写确认函要注意以下五点：①明确必须确认的相关问题。该内容是提交的关键内容，因此必须多次检查以确保没有错误。②列出对应的附加条件。在给收件人的确认函中，必须明确规定被确认主体的所有具体条件。③宣布对此的基本立场。在确认函中，确认方必须重复承诺遵守协议，不得任意重复或改变主意。④要求收件人确认。可以是再写一封信，也可以在这封信中附上意见。⑤署名。正式确认要求相关单位的工作人员或监护人在最后签上自己的名字。有时联合签字通常需要单位法人代表签字，必要时还必须加盖单位公章。

第四，感谢函。写感谢函通常应该注意以下四点：①内容简单。感谢信通常不需要冗长的讨论和没完没了的谈话。只要在信中明确表达感激之情，写三五句话即可。②考虑周全。通常，感谢函中应该感谢的人不止一个，所以应该一个接一个地感谢所有应该感谢的人，不要遗漏任何人。③尽可能手写。为了表达诚意，感谢函应该尽可能地亲自写，而不是打印出来。任何时候，一个当事人的亲笔信都会让人觉得很贴心。④尽快发。感谢信时效性很强，最好在分别后 24 小时内尽快发送。

第五，推荐函。在求职中，一封强有力的推荐函通常有助于被推荐人被选中。写推荐函应该主要考虑四个方面：①介绍自己。推荐函的开头，写信人要简单描述一下自己的情况，稍微说明一下自己和被推荐人的关系。②评价推荐的人。这一部分是推荐信的主要内容，应该用来全面客观地介绍被推荐人的基本情况，同时被推荐人也要做好自己的评估。③感谢接受者。在推荐信中，对收件人的问候和感谢是不可忽视的。这部分绝对不可或缺。④有背景材料。为便于雇主及其负责对象更深入地了解被推荐人，个人参考资料如简历、证书等一般应附在推荐信之后。

第六，拒绝函。在所有的公函中，拒绝函大概是最难写的，它的难点是，既要正式拒绝对方，又要保证不损害双方关系，写拒绝函一般有四个注意事项：①立即做出决定。拒绝函讲究时效，如无特殊原因，应尽快立即拒绝对方，拖来拖去往往会导致另一方产生其他想法。②具体描述。在拒绝函中，应明确拒绝的具体主体。③澄清原因。对于拒绝对方的具体原因，最好在拒绝函中仔细说明。④道歉。如有必要，拒绝函应对被拒绝者表示歉意。另外，也要邀请对方以后继续和自己保持联系。

2. 电话

电话交流主要包括接听电话和打电话。

（1）接听电话

第一，接听电话的四原则：①电话响三声。②在手机旁边准备纸和笔录音。③确认记录的时间、对象、位置和重要事件。④指明自己的名字。

第二，接听电话的重点：①记笔记。②使用礼貌的语言。③在电话里要简洁明了。④注意听重要的词。⑤避免使用对方在电话中听不懂的专业术语或缩写。⑥注意语言。⑦如果对方打错了电话要礼貌要求对方再次确认电话号码。

第三，代接电话：①当事人不在的时候告诉对方当事人缺席的原因，比如出差。②礼貌询问对方的工作单位、姓名、职务，主动询问对方是否要留言。如果留言，必须详细记录和确认，并表示会尽快传送。③对方不留言，就挂电话。④在接到投诉电话时，要小心，不要和对方争吵，尽快表达处置决定。如果是其他部门的责任，电话要转发给相关部门和人员，或者告诉打电话的人找哪个部门，找谁，怎么找。⑤电话记录牢记 5W1H 原则：何时（When），何人来电（Who），事件地点（Where），何事（What），为什么原因（Why），如何做（How）。电话记录简洁又完备，有赖于 5W1H。

（2）拨打电话

第一，通话前：①正确选择时间和地点。如果不着急，不要在办公时间打电话。上午 8：00 前和晚上 8：00 后不要打电话到客户家。②受访者要选择准确，并且提前准备必要的信息和文件。重要内容打电话前要用笔写下来。③确保环境安静。④准备好纸和笔，便于登记。

第二，接通后：①对已知人简单问候后进入话题。②对于不知道的人，在谈问题之前，必须先说明自己的身份和目的。③使用礼貌用语，如"你好""请""谢谢"和"对不起"。

第三，交谈中：①表达全面简洁。②当需要谈敏感或机密的事情时，先在接通电话后问对方谈话是否方便。③如果谈话中有需要处理的事情，要礼貌地告知对方，避免误会；没有弄清楚的事情，一定要重新约时间细谈。

第四，挂断前：①谈话结束后要感谢对方。②通常应该由地位高的人、长辈、主动打来电话的一方先挂断电话。

第五，特殊情况处理：①如果要找的对象不在，要相信对方会简要说明原因，主动留下联系电话和名字。②记住客户的名字，道谢。③打电话时，如果掉线或中断，就等对方打电话。

3. 电邮

电子邮件是现在最快、使用最广泛的信函，应该谨慎使用。撰写电子邮件时，应该做到以下几点：

（1）明确主题。在大多数情况下，电子邮件只有一个主题，通常需要在开头提到，仔细归纳。

（2）语言要流畅。电子邮件应该易于阅读，语言应该流畅。尽量不要写异体字和生僻字。当引用资料和数据时，指明来源，以便收件人可以验证。

（3）言简意赅。线上交流不如面对面交流有效率，所以电子邮件的内容应该尽可能简明扼要。

二、人际关系技能革新

人际关系是指社会中人与人之间传递信息、沟通思想与交流情感的过程。人们在各种人际关系过程中形成的彼此之间较为稳定的心理关系，叫人际关系，如家庭中的亲属关系，学校中的同学关系，学校中的师生关系，工作中的同事关系、隶属关系，社会活动中的事务往来关系等。在人际关系中人们之间相互吸引，人际关系受邻近吸引、相似吸引、需求互补吸引、个性特征吸引、能力才华吸引、外貌吸引等因素的影响。

（一）基本技能技巧

人际关系的基本技巧包括：第一，记住对方的名字。第二，学会赞美他人。赞美他人时要真诚、要具体、要新颖。第三，谈论对方感兴趣的话题。第四，避免打断对方；抓住重点；使用并观察肢体语言，想好了再说。第五，给对方"特殊对待"，而非"惯例对待"。第六，适度的自我透露心声；请对方帮小忙；避免当面伤害他人的感情。第七，有错要主动承认；不要总显得比别人高明；避免无谓的争论。

（二）倾听技能技巧

第一，消除干扰。内外干扰是阻碍倾听的主要因素。因此，提高倾听技巧的第一个方法是尽量减少干扰。如果可以控制，尽量保持环境安静，把手机调到静音状态。另外，从内部来看，要充分注意对方，理解对方的肢体语言，理解对方的意思。

第二，对方优先。

浅层含义是让对方先开口。首先，倾听别人会让对方觉得我们尊重他们的意见，帮助我们确立和谐的关系，互相接受。其次，鼓励对方先开口，会淡化谈话的竞争意味。我们的倾听可以培养开放的氛围，帮助彼此交流意见。最后，对方先陈述他的观点，我们就有机会在表达观点之前先了解双方一致的观点，这样才更容易说服对方。

深层意思是若非必要，避免在不必要的时候打断别人的谈话。善于听别人说话的人，不会单纯因为想强调一些细节，想纠正对方一些无关紧要的地方，想突然转移话题，或者想把一个还没有结束的句子说完就打断对方的话。打断别人通常意味着我们不善于倾听别人，我们有好斗的个性和不礼貌的行为，很难与人交流。当我们随意打断别人时，我们可能没有完全理解对方的意思。

第三，注意观察。

观察肢体语言。当我们与人交谈时，我们的内心感受通过肢体语言清晰地表达出来。如果听者态度冷淡，说话者自然会在意自己的动作，不太愿意敞开心扉。反之，如果听的人很开放，很感兴趣，说明他愿意接受对方，想知道对方的想法，说话的人就会受到鼓励。

注意隐藏信息。很多人不敢直接说出自己真实的想法和感受，经常会用一些叙述或者提问，经常会暗示自己的感受和看法。然而，这种隐含的论点使交流变得困难，因为，如果遇到一个糟糕的听众，意图和内容往往会被误解，最终会导致双方的错误或言语冲突。所以，一旦有了强烈的信号，就要鼓励说话的人说清楚。

第四，听关键词。关键词指描述具体事实，揭示一定信息，同时也表现对方兴趣和情绪的词语。通过关键词可以看到对方喜欢的话题和说话人对对方的信赖。此外，在对方的话语中找到关键词也可以帮助我们决定如何回应对方的陈述。只要我们在自己的问题或感受中加入对方说的关键内容，对方就可能会觉得我们对他说的话很感兴趣或很在意。

第五，关注重点。要理解主要意思，在我们注意到所有细节之前，我们不会因为没有听到对方的要点、关键或者失去主要内容而浪费宝贵的时间或者做出错误的假设。

第六，鼓励他人。重复别人说话的内容，这也是很重要的沟通技巧，这种反应可能向对方表明，听到了他的话，理解了他的话。但是，被动听不是简单的重复，而是应该用自己的话来简要描述对方的重点。被动倾听的好处主要是让对方觉得自己很重要，能够理解对方的重点，这样对话就不会被打断。鼓励别人去体会对方的情绪。体验对方的情绪就是重复对方话语背后的情绪，表达自己对他人的理解与感受。鼓励他人还需要注意反馈。只有完全理解对方的意思后，对后面讲话的内容才会有更好的理解。

第七，适时总结。当我们和人交谈时，通常有几秒钟的时间来思考对方的话，找出什么是重要的。必须排除无关的细节，把注意力集中在对方所说的要点和对方的主要观点上，并把这些要点和观点记在心里。

第八，理解他人。如果我们不接受演讲者的观点，我们可能会错过许多机会，无法与对方确立和谐的关系。即使说话的人对事情有看法和感受，甚至得出的结论和我们的不一样，他们仍然可以坚持自己的看法、结论和感受。尊重说话者的观点会让对方理解，虽然我们不一定同意他的观点，但我们仍然尊重他的想法。

第四节　创新创业基本技能培养

一、创新创业基本技能培养的内容

创业技能就是指创业者的专长和经验，如市场调查、技术专长、规避风险等。创业技能是一种高层次的综合技能，可以分解为专业技能、经营管理技能和综合性技能。

（一）专业技能

专业技能是指专业技术技能，是企业家支配和运用专业知识进行专业生产的技能。为了具有专业技术技能，必须掌握基本的专业知识职业技能。专业技术技能的形成具有很强的实用性，因此，在实践中要学习许多专业知识和技能，并逐步加以改进。创业者应在创业过程中积累专业的技术经验以及职业技能。在深入了解的基础上，必须改进和扩展书本上的知识和经验，探索书籍中未介绍的知识和经验。并且，在探索过程中，进行详细的记录，准确分析，总结和归纳，以形成理论。只有这样，才能不断提高专业技术技能。这就要求创业者在第一次创业时可以尽量选择自己熟悉的项目。当然，创业者也可以利用他人，尤其是员工的知识和技能来管理自己的企业。但是，开始第一次创业时，如果能够从自己熟悉的领域开始创业，就可以避免一些尴尬场面，并增加创业的成功率。

（二）经营管理技能

经营管理技能是指创业者在创业活动中对规划、决策、实施、管理、评估、信息反馈进行调控的技能。经营管理技能是一种较高层次的综合技能，是运筹性技能，直接影响到创业者的发展方向、经济效益及成功的达成度。经营管理技能可以从经营和管理两个方面来理解。

1. 经营方面

企业的目标要在资源既定的情况下实现利润最大化。创业者有了明确的创业目标之后，就要正式组织实施创业计划。创业者必须学会经营，只有这样，创业者才能在充满竞争的市场环境里明确自己的优势，找到自己的位置并迅速立足。企业资源所含的内容很多，除了厂房、物料、设备这些有形的资源，还包括人力资源、资金、信息、企业上下游的供应商和客户等无形资源。经营就是学会统筹管理企业的这些资源，本质就是资源的合理利用。

以下这些问题都是创业者在经营企业的过程中常常会碰到的：市场需求是多变的，怎样使自己的企业适应这些需求；怎样准确及时地对客户作出承诺；怎样使生产计划和活动保持均衡；怎样防止出现库存积压和物料短缺的情况；怎样准确了解企业的生产情况；怎样在保证质量的前提下把产品成本降到最低；怎样把财务管理的计划、控制和分析的作用充分发挥出来；怎样让企业各部门在遇到问题时可以从全局考虑；其实解决这些问题的过程，就是学会经营的过程，即在信息系统支持下，以"平衡供需"为目的，合理规划，有效配置企业资源，提高资源的利用率。

2. 管理方面

对创业企业而言，学会管理首先就是要学会质量管理，创业者必须严格把控质量关，因为质量是一个企业能顺利发展和生存下去的基础，只有做到了这一点，企业才能继续发展，实现创业的最终目标。

（三）综合性技能

综合性技能是指创业过程中需要的行为技能，它是创业成功的重要保证，主要体现在以下方面：

第一，人际关系技能。人际关系技能是从事管理工作必须具备的基本技能。创业者需要跟不同的人沟通，如消费者、企业员工、供货商，甚至是各种管理部门，只有具备良好的人际关系技能，才能在与这些人的沟通中顺利解决问题，实现自己的利益最大化。在公司组织中，管理层通常负责领导和提升特定部门或连接中的多个个人或团体，并共同参与生产和运营活动。因此，管理层需要提高组织技能，适当分配人员，安排工作任务，协调工作流程，并将计划目标连续不断地转化为每位员工的实际行为，促进生产经营有序稳定地进行。此外，管理层可以成为有效的协调者，以充分利用协作工作的集体力量，并适应工作组成员和各个部门之间复杂的联系要求。创建和谐的组织氛围。同时，适当管理个人与公司有直接或间接联系的各种社会群体之间的关系，适当解决争端，避免冲突。

第二，解决问题的技能。解决问题的技能，是一种综合技能。解决问题技能强的人在工作过程中具有较强的理解技能和高速的信息处理技能，通常基于面向目标的问题解决策略，并且经常找到解决问题的创造性方法。

第三，创业创新技能。创业创新技能是创新型人才必须具备的基本技能。培养创新技能主要是培养创新思维技能、实践活动技能、动手操作技能以及遇到问题之后最终解决问题的技能。创业技能则包括专业技术技能、经营管理技能和社交沟通技能等。

第四，自我调控技能。在创业的开始阶段及随后的经营阶段，在与客户、合作伙伴及金融人员的交往沟通过程中，创业者需要一种支配性的和不妥协的态度方式。事实上，自尊心包括很多性格特征，如自信和毅力。

第五，管理情绪的技能。如何妥善管理情绪是现代人非常关注的问题。良好的情绪状态是企业家应该具备的特点之一。还没迈入社会的大学生，人生经历相对简单，所以，情绪起伏很大，在遇到问题的时候容易情绪化。所以，应学会与情绪和平相处，做情绪的主人，在遇到问题的时候妥善管理自己的情绪也是创业者必备的技能之一。如果一个人容易担心和焦虑，那么这个人是不适合管理公司的。情绪稳定对工作表现有重大影响，尤其是在压力大的工作中。情绪稳定的人会从积极的角度进行思考，对自己的生活感到满意。情绪稳定度低的人常表现出不安、焦虑和悲伤。高度的情绪稳定性是创业的优势。

第六，团队合作技能。对大部分企业家而言，很多时候都是和别人合作创业的。因此，团队或小组合作的技能也是创业者的必备特质之一。

一个成功的企业团队具有凝聚力和团结意识，成员们愿意牺牲短期的利润来获得长期成功的果实，全力以赴地为新公司创造价值。一个成功的企业团队必须要具有履行承诺的能力、合作持股等特征；公平灵活的利益分配机制；企业成果整合共享与职业技能的完美结合，也是团队合作技能的体现。

第七，对不确定性的容忍技能。出现不确定情况时，有些人无法承受不确定性带来的压力，容易匆忙处理和解决问题；有些耐心的人，希望在作出决定之前情况变得明朗，即对不确定的情况有更大的容忍。

二、创新创业基本技能培养的途径

大学生创业技能的培养主要通过以下途径：

（一）培养创业心理品质

在培养创业技能的过程中，要注意充分发挥商业心理学的优势。创业者要克服的心理障碍有三种：依赖、自卑和退缩等人格障碍；抑郁和过度焦虑等情绪障碍；对成功的担忧和不断变化的目标等行动障碍。企业家创业的成功率与心理阻力呈正相关，其心理抵抗力越强，成功率越高，反之亦然。总而言之，大学生要想培养良好的创业心理素质，就需要把创业作为一种生活态度和方式，从不同的角度观察世界。

（二）构建网络化创业结构

个人创业基本素质的重要组成部分就是知识本身，所以构筑网络化创业知识结构对个人创业十分关键。传统的单一知识结构已经不能适应日益发展的、愈来愈复杂的现代社会经济的要求。个人只有在网络中确立广泛的、跨领域的知识结构，才能形成强大的创业技能，走上成功之路。作为一名创业人员，必须具备相应的专业知识，以及企业管理知识和综合知识。

（三）参加创业活动

为了使学生的学习过程也成为学生创业实践的演练过程，高校应有针对性地根据培养创业技能的需要来设计教学内容和教学活动，尤其是可以多举办一些创业实践活动，这对大学生形成创业技能有很大的帮助。

（四）调节创业心态

1. 心理准备

（1）需要是创业之源。青年期是人生的重大转折时期，经历着从依赖到独立、从家庭走向社会、从被父母养育到自己独立生活和承担社会责任的巨大变化。在这一时期，自立的需要，以独立的、具有生存和竞争技能的个体出现在社会大家庭中的愿望，占据主导地位。为实现这一愿望，有志的青年都渴望找到一个合适的职业，其中有不少青年将创业作为一种选择，因为创业成功是自我实现的必然路径之一。

（2）动机是创业之泉。动机是由需要所激发的。当需要的对象、目标存在时，需要就转化为动机，推动人产生行为，去达到目标。创业活动是创业者全身心都投入的活动。激励源于创业的需要，它是一种强有力的心理激励，可以使创业者进入一种非常活跃的状态，对创业的发展起到非常积极的作用。一般而言，创业动机会引起以下心理状态：

第一，心理紧张。当创业动机形成以后，引发了积极紧张的心理状态，使得创业者能排除干扰，克服惰性，超水平地发挥出自己的聪明才智。

第二，心理策动。在确定目标之后，就会自觉地向着目标迈进。优秀的创业者，在确定宗旨、采取行动之初，大都有着坚定的决心，既是对所设目标的坚定信念，也是目标对创业者的驱使和策动。会促使人们百折不挠，排除万难。

第三，心理准备。创业动机形成后，创业的对象、方法、途径和范围等就基本明确，并对创业的过程和可能出现的结果产生主观看法，这就使人们在心理上对将要采取的行动做好准备，这种心理准备也叫作"心理定势"，其对创业活动的进程和趋势影响很大，既有有利的方面，也有不利的方面。作为创业者，应该注意到这一影响，既要重视经验、知识背景的作用，又要克服"定势"所造成的不利影响。

第四，心理期望。强烈的创业动机伴随着人们对成功的信心。这一信心鼓舞、支配和驱使人们积极有效地行动，使人们表现出鲜明的个性，自然而然地确立起某种信念，给人们以巨大的心理影响。创业活动一旦纳入信念所依托的轨道，就会产生期望效应，迸发出灵感，创造出奇迹。

（3）意志是创业之剑。意志是一个人在认识和改变客观世界的过程中，通过自觉地组织自己的行动、克服困难、达到一定目的而表现出来的情绪。创业者的创业过程是一个克服困难、确保成功和展现创业者意志的过程。创业是一个漫长而艰难的成长过程，创业者必须要有坚强的意志、勇气和胆量，勇敢地向前迈进。因此，创业行为就是意志行为，创业之路就是意志拼搏之路。意志对创业行为具有发动和制止两方面的作用，发动是使企业家能够识别错误，果断行事，克制自己的情绪和冲动，迫使自己排除干预，坚持执行决定，表现出相当的坚定性，并鼓励创业者积极主动地实现目标；制止使创业者能够抑制和拒绝犹豫和踌躇等不符合预定目的或不利于实现预定目的的低落情绪。创业意志会促使创业者克服各种内部或外部的困难，努力实现创业目标。

2. 心理机制

（1）产生创业的心理需要。在创业的过程中创业的心理需要是创业的开端，如果没有这种需要出现，就不可能产生后来的创业行为。所以，大学生在创业时，先要有创业的心理需要，但是需要必须有一定的强度。换言之，某种需要必须成为个体创业的强烈愿望，迫切要求得到满足。如果需要不迫切，则不足以促使人去进行创业以满足这个需要。

（2）形成创业的心理动机。仅有创业的需要还不一定发展为创业的行为，只有创业的需要上升为创业心理动机时，创业行为才能开始。创业动机是指推动个体或群体从事创业实践活动的内部动力。在创业心理动机的驱使下，创业者会把思维集中指向创业的目标，并围绕这个目标，动用一切智慧和物质力量排除一切干扰，去完成创业目标。创业心理动机能使个体的行为维持一定的时间，对行为起着持续激励的作用。

（3）培养创业兴趣。兴趣是一个人力求探究和认识某一事物的意识倾向，它与人的情感相联系，创业兴趣是指个体或群体对从事创业实践活动的积极情绪和态度的心理倾向。创业兴趣以积极的方式影响着主体的创业心理和行为，使人在创业实践活动中感知敏锐、注意力集中、思维活跃，并且影响创业情感和意志。

创业的兴趣一旦产生，反过来又会进一步激发创业者的创业需要。创业兴趣具有指向性、情绪性和动力性等特点。创业兴趣的指向性使创业实践指向具体的创业目标，所以，大学生要产生创业的兴趣，还要有具体的创业目标，对创业只有一个广泛的概念和笼统的需求还不是真正的创业兴趣。只要创业者对创业目标兴趣浓厚，不会因为创业艰难而退缩、感到乏味，这就是创业兴趣的情绪性对创业者的激励作用。在创业过程中有成效的人，其创业兴趣都非常浓厚，有的甚至达到痴迷的状态。创业兴趣的动力性使其创业兴趣总是对其所从事的创业实践活动起支持、推动和促进作用。

（4）确立创业理想与信念。创业思想是创业者对未来奋斗目标较为稳定持久的向往和追求心理。创业信念是指创业者对于创业实践有关的意义形成的较为固定并执着追求的思想和观念。创业理想和信念是创业心理机制的高级阶段。创业者一旦形成自己的创业理想和信念，就会形成创业的精神支柱，使创业者对其创业理想确信无疑，这种信念和确信无疑的态度将使创业者对创业实践充满信心。与企业家精神有关的理想和信念激发了创业者的积极性和主动性，为创业活动的开展提供了勇气和能量。

参考文献

[1] 毕红艳，赵倩. 积极心理健康教育[M]. 郑州：河南科学技术出版社，2017.

[2] 胡艳敏. 当代大学生自我意识的迷失与教育引导[J]. 黑河学院学报，2021，12（10）：46.

[3] 王振宏，王永，王克静，等. 积极情绪对大学生心理健康的促进作用[J]. 中国心理卫生杂志，2010，24（9）：716.

[4] 杨伟才. 大学生心理健康[M]. 北京：北京出版社，2018.

[5] 张俊亮. 了解性格，为职业发展助力[J]. 职业教育（下旬刊），2018（2）：60.

[6] 史灵. MBTI 人格、心理资本对大学生成长的影响机制研究[D]. 天津：天津大学，2014：17

[7] 梁丽娟，杨清荧. 大学生心理健康[M]. 延吉：延边大学出版社，2017.

[8] 韦波，何昭红. 大学生心理健康教程[M]. 桂林：广西师范大学出版社，2011.

[9] 王为正，韩玉霞. 大学生心理自助读本[M]. 北京：科学出版社，2010.

[10] 肖笑，李林英. 大学生心理资本问卷的初步编制[J]. 中国临床心理学杂志，2010，18（6）：691.

[11] 安步赢，范红霞. 荣格心理类型学与心理健康[J]. 吕梁教育学院学报，2010（27）：12.

[12] 陈灿锐，申荷永. 荣格与后荣格学派自性观[J]. 心理学探新，2011（31）：391.

[13] 顾雪英，胡湜. MBTI 人格类型量表：新近发展及应用[J]. 心理科学进展，2012（20）：1700.

[14] 郭燕燕，范红霞. 沟通意识与无意识——基于荣格分析心理学的解读[J]. 太原大学教育学院学报，2011（29）：7.

[15] 杨慧芳，王翔. 中美企业管理者的性格类型比较研究[J]. 南京社会科学，2011（3），32.

[16] 史济纯，陈玉民. 大学生心理健康教育存在的问题与对策[J]. 教育探索，2011

（5）：2.

[17] 沈晓梅. 构建网络环境下大学生心理健康教育新模式[J]. 中国青年研究，2012（1）：4.

[18] 周炎根. 积极心理学视野下的大学生心理健康教育[J]. 民办高等教育研究，2010（2）：4.

[19] 卢勤. 家庭因素对大学生心理健康的影响[J]. 西华大学学报：哲学社会科学版，2010（1）：5.

[20] 金辉，郑雪. 大学生心理健康教育存在的问题及其对策[J]. 心理咨询师，2011，10（3）：4.

[21] 胡黎香. 基于心理安全建设的大学生心理健康问题与育人管理研究——评《大学生心理健康教育》[J]. 中国安全科学学报，2022，32（8）：2.

[22] 丁笑生. 大学生心理健康教育课程构建的思考[J]. 思想教育研究，2015（11）：4.

[23] 张俊. 我国大学生心理健康教育研究的现状与展望[J]. 长春大学学报，2017，27（8）：4.

[24] 常振明，董国凤，刘宇. 高校体育教育对大学生心理健康和心理障碍的促进作用分析[J]. 教育，2015（29）：249.

[25] 马丽清，魏媛鹤. 当代大学生心理障碍与高校心理教育的探析[J]. 经贸实践，2016（19）：66.

[26] 王美多. 当前大学生就业心理障碍问题分析[J]. 亚太教育，2016（28）：2.

[27] 郝万林. 大学生心理问题的特点与心理健康教育[J]. 赤峰学院学报：自然科学版，2017，33（2）：2.

[28] 黄新民. 大学生心理问题的特点与心理健康教育[J]. 长江丛刊，2018（11）：1.

[29] 申金坤. 大学生心理问题及应对策略分析[J]. 中国校外教育（上旬），2016（4）：1.

[30] 聂世玮. 大学生心理素质结构及其发展特点的研究[J]. 长江丛刊，2016（8）：1.

[31] 胡瑞坤. 大学生择业心理与职业价值观教育[J]. 教育科学（全文版），2016（3）：156.

[32] 曹剑辉，周合兵，罗一帆. 大学生创新创业教育模式[J]. 实验室研究与探索，2010（8）：207.